LARISSA BROWN
Feuer und Wind

Thomas Pochadt
Steffen Raab

Zeitwertkonten
– ein unterschätztes
Arbeitszeitmodell

MURMANN

Dieses Buch wurde klimaneutral produziert:

Die Deutsche Bibliothek – CIP-Einheitsaufnahme
Ein Titelsatz für diese Publikation ist bei
der Deutschen Bibliothek erhältlich.
ISBN 978-3-86774-088-3

1. Auflage, September 2009

Copyright © 2009 by Murmann Verlag GmbH, Hamburg

Lektorat: Evelin Schultheiß, Ahrensburg
Umschlaggestaltung: Rothfos & Gabler, Hamburg
Herstellung und Gestaltung: Eberhard Delius, Berlin
Satz: Reihs Satzstudio, Lohmar
Gesetzt aus der Minion und Scala
Druck und Bindung: Freiburger Graphische Betriebe, Freiburg
Printed in Germany

Besuchen Sie uns im Internet: www.murmann-verlag.de
Ihre Meinung zu diesem Buch interessiert uns!
Zuschriften bitte an **info@murmann-verlag.de**

Den Newsletter des Murmann Verlages können Sie anfordern unter
newsletter@murmann-verlag.de

Inhalt

Teil 3: Anhang

Vorwort von Prof. Dr. Dietmar Wellisch

(Vorsitzender der Arbeitsgemeinschaft
Zeitwertkonten e. V.)

Die Alterung der deutschen Gesellschaft stellt gleichermaßen das staatliche Sozialversicherungssystem wie auch die Betriebe vor neue Herausforderungen. Sie erzwingt eine Heraufsetzung des Bezugsalters für staatliche Renten und eine innerbetriebliche Anpassung der Abläufe an eine alternde Belegschaft. Gerade der Anstieg des gesetzlichen Renteneintrittsalters erhöht den Anreiz vieler Arbeitnehmer, sich für einen vorzeitigen Rückzug aus dem Erwerbsleben zu entscheiden. Und auch die Unternehmen suchen nach Möglichkeiten, ältere Mitarbeiter (gegebenenfalls gleitend) in den Vorruhestand zu entlassen. Das personalpolitische Instrument Zeitwertkonten erfüllt diesen doppelseitigen Anspruch. Es ermöglicht Arbeitnehmern, durch den Verzicht auf Auszahlung von Gehaltsteilen bzw. von geleisteter Mehrarbeit sich ein Guthaben für eine spätere Freistellung aufzubauen. Arbeitgeber können ältere Mitarbeiter auf deren Wunsch freistellen, ohne hohe Abfindungsbeträge aufzuwenden. Nachdem in der Vergangenheit der Umgang mit Zeitwertkonten teilweise von rechtlichen Unsicherheiten begleitet war, sind durch die Umsetzung von Flexi II viele Risiken in der Rechtsanwendung gewichen, so dass künftig zu erwarten ist, dass dieses wegweisende Instrument zur Flexibilisierung der Lebensarbeitszeit verstärkt in den Unternehmen zum Einsatz kommen wird.

Prof. Dr. Dietmar Wellisch

Vorwort der Autoren

Liebe Leserin, lieber Leser,

in unserer Beratungspraxis rund um das Thema Zeitwertkonten konfrontieren uns unsere Kunden täglich mit veralteten Informationen und Halbwissen. Rasch aus dem Internet recherchierte Daten hindern Mitarbeitervertreter oder Unternehmensleitung daran, tiefer in die Materie der Zeitwertkonten einzudringen.

Gleichzeitig erleben wir jedoch, welch großes Potenzial Unternehmen sich mit diesem strategischen Personalinstrument erschließen.

Die langfristige Zielsetzung und die differenzierte Gesetzeslage machen Zeitwertkonten zu dem, was sie sind: ein komplexes, aber höchst wirkungsvolles und nachhaltiges Lebensarbeitszeitmodell abseits jeder kurzlebigen Mode.

Wir wollen Ihnen mit diesem Buch einen praxisorientierten Leitfaden an die Hand geben. Es soll Ihre offenen Fragen hinreichend und ohne Ballast beantworten und als Grundlage dienen, mit spezialisierten Beratern diese Materie zu vertiefen. Mit jedem neuen Kapitel erschließen Sie sich faszinierende, da naheliegende Möglichkeiten lebensnaher und konsequent zu Ende gedachter Arbeitszeitplanung.

Wie bei allen strategischen Entscheidungen gilt es, rechtzeitig die Weichen zu stellen, so dass Sie nach der letzten Seite fragen werden: Wann, wenn nicht jetzt?

Wir wünschen Ihnen eine anregende Lektüre.

Thomas Pochadt und Steffen Raab

Teil 1
Ein Lebensarbeitszeit-
modell

Einführung

Deutschland hat im letzten Jahrhundert schmerzliche Erfahrung durch politischen Machtmissbrauch gesammelt. Um die Anfälligkeit der Politik für diktatorische und totalitäre Bestrebungen zu senken, verankerte die junge Bundesrepublik viele Regelungen im Grundgesetz, die der Reichweite der Politik bis heute Grenzen setzen. Dazu gehören die Stärkung von Gewerkschaften und Verbänden und der Föderalismus. Diese bundesrepublikanischen Bausteine sind Teil unserer Identität und erklären auch den Ruf der Deutschen als regulier- und debattierfreundlich. Auf der anderen Seite sind Prinzipien wie die Tarifautonomie und Subsidiarität in ihrem Wert für die Bürger nicht hoch genug einzuschätzen.

Während die Subsidiarität, also das Prinzip Selbstverantwortung vor staatlichem Handeln, die unveränderliche gesellschaftliche Maxime bildet, entwickelten sich die Instrumente für die Tarifverhandlungen ständig weiter. Arbeitszeit und Entgelt sind heute »nur« zwei unter vielen Verhandlungspunkten.

Die Zeitwertkonten sind ein Paradebeispiel für die Produktivität dieses Systems und rechtfertigt den kleinen geschichtlichen Exkurs: Beide Tarifpartner entwickelten ein Lebensarbeitszeitmodell, der Staat den rechtlichen Rahmen.

Nach mehr als zehnjähriger tariflicher und juristischer Entwicklung haben die Deutschen seit 2009 ein Arbeitszeitmodell, das die Zeitschrift *Lohn + Gehalt* zu Recht als »eines der modernsten und wichtigsten Gesetze unserer Zeit« bezeichnet, vereint es doch Arbeitnehmerinteressen, unternehmerische Flexibilität, die demografische Entwicklung unseres

Landes, unser soziales Sicherungssystem und eine differenzierte Gesetzgebung zu einem hochentwickelten Instrument. Das vorliegende Buch möchte Ihnen als Leser dieses Instrument umfassend und kritisch vorstellen. Wir wenden uns an alle, die zu Zeitwertkonten Entscheidungen fällen müssen:

► **Gewerkschaften / Arbeitnehmervertreter,**
► **Geschäftsführer** und **Vorstände** von Unternehmen und
► **Arbeitnehmer.**

Unsere Darstellung soll dem komplexen Thema in knappem Rahmen gerecht werden. Damit soll dieses Buch als Grundlage für **betriebsindividuelle Vereinbarungen** bei der Einführung von Zeitwertkonten dienen. Wir führen Sie in drei Schritten zu diesem Ziel:

(1) Im ersten Teil präsentieren wir Ihnen alle nötigen Fakten als Entscheidungsgrundlage.

(2) Der zweite Teil erläutert die Theorie anhand eines Fallbeispiels.

(3) Im dritten Teil finden Sie eine Reihe weiterführender Adressen, Literaturen und Internetlinks zu Dienstleistern, umfassenden Einzeldarstellungen und Gesetzestexten, um Ihr Wissen zu vertiefen.

Die Unterteilung in schlagwortartige Unterkapitel ermöglicht dem Leser sowohl den raschen Zugriff auf Einzeldarstellungen über das Inhaltsverzeichnis als auch das chronologische Lesen. Über die im Anhang aufgeführten Links und Adressen erschließen wir dem Interessierten vertiefende oder aktuelle Informationen.

Abgrenzung von anderen Arbeitnehmerkonten

Für viele Arbeitnehmer ist es selbstverständlich, ihren Tag frei einzuteilen: Wer schnell seine Pflichten erledigt, hat früher und zudem subjektiv mehr Freizeit. Um dieses Prinzip der Zeitsouveränität auf das Arbeitsleben zu übertragen, haben Arbeitnehmer und Arbeitgeber in den letzten Jahrzehnten allmählich das starre System aus vorgegebener Arbeitszeit für vorgegebenen Lohn aufgeweicht. Herausgekommen ist eine Koevolution von veränderten Wirtschaftsbedingungen, kulturellen und sozialen Ansprüchen, demografischen Entwicklungen und politischen Weichenstellungen.

Zeitwertkonten sind Modelle für abhängig Beschäftigte,

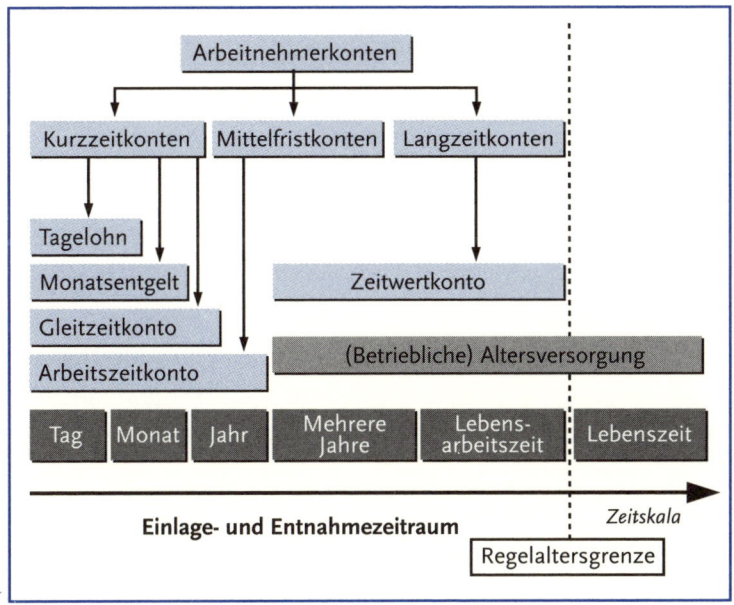

die nach deutschem Recht rentenversicherungspflichtig sind. Für diesen Personenkreis bleibt trotz aller Einschränkungen und Veränderungen der letzten Jahre die (politisch) festgesetzte Regelaltersgrenze maßgeblich.

Wir unterscheiden Modelle, bei denen Arbeitnehmer kurz- oder langfristig angesparte (Zeit-)Werte für eine Freistellung anlegen, von solchen, bei denen der Versicherungspflichtige diese Werte für die Zeit nach Eintritt der Regelaltersgrenze bekommt, also bei Anspruch auf seine volle Altersrente. Bei allen Varianten liegt der *Ansparzeitraum* innerhalb des Beschäftigungszeitraums.

Altersversorgung

Ausgleichzeitraum: ab Erreichen der Regelaltersgrenze.

Ziel: Rücklagen bilden zur Sicherung des Lebensstandards im Alter (*nach* Eintritt der Regelaltersgrenze).

Streng genommen handelt es sich bei der Altersversorgung um ein Rücklagenkonto. Abgesehen von der gesetzlichen Pflichtversicherung für abhängig Beschäftigte ist eine schier unbegrenzte Anzahl von Anlagevarianten denkbar, denen jedoch allen das gleiche Prinzip zugrunde liegt: Die Rücklagen erfolgen aus dem Arbeitseinkommen für die Zeit nach Eintritt der Regelaltersgrenze. Es gibt drei Formen (»Schichten«) der Altersvorsorge:

1. Schicht – Basisversorgung:
▸ gesetzliche Rentenversicherung
▸ Beamtenversorgung

- Berufsständische Versorgung
- Landwirtschaftliche Alterskasse
- private Basis-Rente / Rürup-Rente

2. Schicht – Kapitalgedeckte Zusatzversorgung:
- betriebliche Altersversorgung
- geförderte Privatvorsorge (Riester-Rente)

3. Schicht – Private Altersvorsorge:
- private Renten- oder Kapitallebensversicherung
- Kapitalanlageprodukte, zum Beispiel Fondssparpläne
- etc.

Die **Basisversorgung** ist in Höhe, Dauer und Ertrag gesetzlich geregelt und vorgegeben. Pflicht und Anspruch sind durch den Gesetzgeber definiert.

Bietet der Arbeitgeber seinen Mitarbeitern Versorgungsleistungen bei Alter, Invalidität oder Tod an, sprechen wir von einer **betrieblichen Altersversorgung** (bAV). Für Selbständige und Freiberufler gibt es mit der »Rürup-Rente« ein ähnliches Modell der **kapitalgedeckten Zusatzversorgung**. Diese freiwilligen Leistungen regelt das Betriebsrentengesetz (BetrAVG), der Staat fördert die bAV durch Steuer- und teilweise Sozialversicherungsvorteile. Die Beiträge können Arbeitgeber oder Arbeitnehmer, als Mischform auch beide gemeinsam finanzieren. Üblicherweise spart der Mitarbeiter einen Teil seines (Brutto-)Lohns / Gehalts für die bAV (Entgeltumwandlung). Die Betriebe setzen auf eine Mitarbeiterbindung und -motivation und einen zusätzlichen Anreiz bei Facharbeitermangel und Standortnachteilen.

Die **private Altersvorsorge** überlässt das Anlagemodell, die Höhe der Einlage und das Anlagerisiko dem Anleger. Ob die Rücklagen unter dem Kopfkissen, auf einem Sparbuch oder als Photovoltaikanlage auf dem privaten Wohnhaus liegen, ist der Fantasie und dem Risikobewusstsein der Sparer überlassen. Lediglich die staatlich geförderten Modelle (Riester, Rürup) sind von gesetzlichen Regelungen betroffen, auch wenn der Sparer über die Höhe frei entscheiden kann.

Monatsentgelt

Ausgleichzeitraum: (meist) ein Monat.

Ziel: die geleistete Arbeit *so rasch wie möglich* in Entgelt umzuwandeln.

Streng genommen kann man die klassische monatliche Lohn- oder Gehaltsabrechnung bereits als Lohnkonto bezeichnen. Mit ihm spart der Arbeitnehmer den Gegenwert für vorgeleistete Arbeit inklusive Überstunden auf, bis er am Monatsende ausbezahlt wird. Arbeitszeit und Entgelt sind ebenso starr festgelegt wie der Ansparungszeitraum.

Vorteile:

► klare, berechenbare Entgelte und Arbeitszeiten, langfristig planbarer Alltag,
► klare Verbindung von Arbeitswert und Entgelt,
► geringer administrativer Aufwand.

Nachteile:

► unverzinste Vorleistung des Arbeitnehmers,
► geringe Flexibilität.

Gleitzeit

Ausgleichzeitraum: (meist) ein bis zwei Monate (Kurzzeit-konto).

Ziel: die geleistete (Mehr-)Arbeit *zeitnah* in Entgelt oder Frei-stellung umzuwandeln.

Gleitzeit stellt das einfachste System eines Zeitguthabens dar und bildet den ersten Schritt in Richtung einer flexiblen Arbeitszeit. Der Arbeitnehmer bucht Beginn und Ende seiner täglichen Arbeitszeit durch mechanische oder elektronische Arbeitszeitkarten (»Stempeluhr«). Sowohl Unterbrechungen als auch Überstunden erfasst das Unternehmen und bilanziert ein Arbeitszeitkonto ähnlich dem eines Giros. Interne Vereinbarungen regeln die Übernahme von Soll und Haben in den Folgemonat oder die Verrechnung mit dem Entgelt. Richtlinien dieses Kurzzeitkontos bilden eine vom Unternehmen definierte Kernarbeitszeit und die vertragliche Wochen-, Monats- oder sogar Jahresarbeitszeit. Die Differenz beider Vorgaben bildet den Gleitzeitpool. Oft müssen die Arbeitnehmer außerhalb der Anwesenheitspflicht eigenverantwortlich geplante Arbeit innerhalb eines Monats ausgleichen und können nur ein begrenztes Kontingent in den Folgemonat übertragen.

Können Gleitzeitguthaben über mehrere Monate angespart werden, können sich die Tarifpartner darauf einigen, diese Werte auf mittelfristige Arbeitszeitkonten (siehe folgendes Kapitel) zu übertragen. Größere Guthaben stellen einen erheblichen wirtschaftlichen Wert für den Arbeitnehmer – und – im Fall einer Insolvenz des Arbeitgebers – einen hohen

Verlust dar. Eine früher festgesetzte wertmäßige Obergrenze, ab der eine Insolvenzsicherung gesetzlich vorgeschrieben war, existiert seit der Novellierung des »Flexibilitätsgesetzes« nicht mehr.

Vorteile:

- ▸ puffert als erstes Modell Über- und Unterstunden gleichermaßen ab,
- ▸ mehr Eigenverantwortung des Arbeitnehmers trotz genauerer Arbeitszeitkontrolle,
- ▸ private Termine bis hin zu Gleitzeittagen (ganztägige Freistellung) sind vom Arbeitnehmer besser zu planen.

Nachteile:

- ▸ begrenzte Flexibilität,
- ▸ komplette Vorleistung des Arbeitnehmers,
- ▸ kein Insolvenzschutz.

Arbeitszeitkonto

Ausgleichzeitraum: ein Monat bis ein Jahr (Mittelfrist).

Ziel: Ausgleich starker Arbeitszeitschwankungen.

Arbeitszeitkonten sind dort verbreitet, wo Arbeitszeiten starken Schwankungen unterliegen, wie bei Schichtdienst, Rufbereitschaft, witterungsabhängigen Einsätzen und Berufen mit schwer kalkulierbaren Arbeitszeiten (Berufsfeuerwehr, Ärzte). Das Konto ist am ehesten mit der Funktion eines Giros vergleichbar, auf dem Arbeitszeitguthaben und -defizite gegenüber der tariflich geregelten Arbeitszeit gleichermaßen vermerkt und verrechnet sind. Beim Arbeitszeitkonto geht es nicht ums Sparen; im Gegenteil: Die Arbeitgeber verlangen meist, das Konto in saisonal oder konjunkturell schwächeren Phasen auszugleichen. Spart der Beschäftigte Arbeitszeit auf, bleibt das Guthaben, abgesehen von Lohn- und Gehaltssteigerungen, unverzinst.

Ähnlich wie bei den Gleitzeitkonten (siehe vorangehendes Kapitel) fehlt bei mittelfristigen Arbeitszeitkonten ein gesetzlich geregelter Insolvenzschutz. Im Laufe eines Jahres können sich mitunter einige Hundert (unbezahlte) Überstunden auf dem Konto ansammeln, die im Fall einer Insolvenz meist verloren sind. Ein Unternehmen, auf dessen Mitarbeiterkonten regelmäßig mehr als 160 Stunden (entspricht einem Freistellungsmonat) liegen, sollte über die Einrichtung von Zeitwertkonten nachdenken. Auch ein Überlauf aus Gleitzeitkonten ist denkbar, so dass beide Modelle parallel laufen und ihre jeweiligen Vorteile ausspielen können.

Vorteile:
► das Konto ermöglicht regelmäßiges Einkommen bei unregelmäßigem Arbeitseinsatz,
► vereinfachte Abrechnung und Buchführung,
► die Flexibilisierung der Arbeitszeit gleicht Auftragsschwankungen aus und sichert die Arbeitsplätze.

Nachteile:
► begrenzte Flexibilität,
► unverzinste Vorleistung des Arbeitnehmers,
► kein Insolvenzschutz.

Langzeitkonto

Ausgleichzeitraum: mehrere Jahre, aber innerhalb des Arbeitsverhältnisses (Langzeit).

Ziel: bezahlte Freistellung über einen längeren Zeitraum innerhalb der Lebensarbeitszeit bzw. zu deren Verkürzung (Altersteilzeit, Vorruhestand).

Bei gleichen Vorgaben aus Kernarbeitszeit und vertraglicher Wochenarbeitszeit vergrößern die Tarifpartner den Zeitrahmen des Kontos auf ein Jahr bis zu mehreren Jahren. Erstmals ist hier der Rahmen von der reinen Arbeitszeit um die Integration etwa von Entgelt und Urlaubstagen erweitert. Ziel ist es, einen längeren Freistellungszeitraum anzusparen.

Vorteile:
- ► hohe Flexibilität der Arbeitgeber (zum Beispiel Projektarbeit) und der Arbeitnehmer (zum Beispiel Sabbatical),
- ► gesteigerte Attraktivität des Arbeitsplatzes,
- ► insolvenzgesichertes Guthaben,
- ► Verzinsung des Wertguthabens als Geldanlage.

Nachteile:
- ► komplette Vorleistung des Arbeitnehmers,
- ► höherer administrativer Aufwand.

Altersteilzeit

Ausgleichzeitraum: mehrere Jahre, aber innerhalb des Arbeitsverhältnisses.

Ziel: teilweise oder vollständige Freistellung unmittelbar vor dem Erreichen der Regelaltersgrenze.

Mit der Altersteilzeit haben die Tarifpartner einen gleitenden Übergang in den Ruhestand geschaffen, der juristisch durch das Altersteilzeitgesetz (AltTZG) geregelt wird. Der Arbeitnehmer wandelt das gesamte Guthaben seines Kontos in eine komplette oder teilweise Freistellung um.

In der Praxis haben sich zwei Varianten der Altersteilzeit durchgesetzt:

(1) **Gleichverteilungsmodell:** Während der kontinuierlichen Altersteilzeit senkt der Mitarbeiter seine Arbeitszeit auf 50 Prozent der vereinbarten Vollzeit bei 50 Prozent des ursprünglichen Bruttoeinkommens.

(2) **Blockmodell:** Das Blockmodell unterteilt die Altersteilzeit in zwei gleich lange Beschäftigungsphasen; einer Arbeitsphase mit der vollen Arbeitszeit, gefolgt von der Freistellungsphase, der gleichen Zeitspanne, in der der Mitarbeiter von der Arbeit freigestellt ist. Während beider Phasen erhält er die Hälfte seines ursprünglichen Bruttoeinkommens.

Beim heute üblichen Blockmodell senkt der Arbeitnehmer das Einstiegsalter in den Ruhestand. Dies ist besonders wichtig bei körperlich stark belastenden Berufen wie der Krankenpflege, in Hoch- und Tiefbau- oder Metallbaubetrieben. Insbesondere in diesen Berufsgruppen wiegt der physische Verschleiß schwerer als das Erfahrungspotenzial, so dass eine Erhöhung des Renteneinstiegsalters auf 67 besonders kritisch zu bewerten ist.

Ein deutlicher Unterschied zu allen anderen Arbeitszeitmodellen liegt in der Regelung, dass die Arbeitnehmer auch während der gesamten Phase der Altersteilzeit (Anspar- plus Freistellungsphase) auf die Hälfte des vollen **Bruttoentgelts** verzichten. Erst der sogenannte Aufstockungsbetrag von mindestens 20 Prozent des Teilzeitentgelts macht die Altersteilzeit attraktiver, da so mindestens 70 Prozent des ursprünglichen Einkommens gesichert sind. Arbeitgeberindividuelle oder tarifliche Regelungen können den Aufstockungsbetrag um beliebige Prozentpunkte vergrößern.

Der Arbeitgeber führt zusätzlich seinen Anteil am Rentenbeitrag des Arbeitnehmers von 19,9 Prozent bezogen auf 80 Prozent des ursprünglichen Entgelts an die Rentenversicherer ab (höchstens aber 90 Prozent der Beitragsbemessungsgröße).

Die Rechnung sieht nun bei einem Mitarbeiter mit einem Monatsbrutto von 2000 Euro folgendermaßen aus:
Vollzeitentgelt = 2000,00 €
Rentenversicherungsbeitrag 19,9 %
    (Arbeitnehmer + Arbeitgeber): 398,00 €
Teilzeitentgelt 50 % von 2000 € = 1000,00 €
Rentenversicherungsbeitrag 19,9 %
    (Arbeitnehmer + Arbeitgeber): 199,00 €
    Anteil Arbeitgeber davon 50 %: 99,50 €
Aufstockungsbeitrag des Arbeitgebers 19,9 % von 80 %
    von 1000 € = 159,20 €
gesamter Rentenversicherungsbeitrag (199,00 € + 159,20 €):
    358,20 €
Differenz zum »Vollgehalt«: 39,80 €

Das entspricht genau dem **Rentenversicherungsbeitrag** von 90 Prozent des Vollzeitentgelts. Dadurch reduzieren sich die Einbußen der gesetzlichen Rente nach Erreichen der Regelaltersgrenze auf ein Minimum. Der erhöhte Rentenversicherungsbeitrag unterscheidet die Altersteilzeit deutlich von der Frühverrentung, wo für jedes Jahr früher beginnende Rente der sonst zustehende Rentenbetrag um circa 3,6 Prozent sinkt. Der anfallende Maximalabzug ist derzeit auf 14,4 Prozent begrenzt.

Der Staat fördert die Altersteilzeit unter zwei Bedingungen: Zum einen muss der Betrieb das gekürzte Arbeitsentgelt um mindestens 20 Prozent aufstocken. Zum anderen muss der Arbeitgeber die frei gewordenen Stunden in einen neuen versicherungspflichtigen Arbeitsplatz überführen, damit er den vorgezogenen Ruhestand nicht zum (versteckten) Personalabbau nutzt. Sind beide Bedingungen erfüllt, übernimmt die Bundesagentur für Arbeit die Aufstockung des Teilzeitentgelts um 20 Prozent und den erhöhten Rentenversicherungsbeitrag.

Verlässt ein langjähriger Mitarbeiter am Ende seines Arbeitslebens ein Unternehmen, nimmt er viel Erfahrung und Kompetenz mit in den Ruhestand. Gerade die Altersteilzeit erfordert deshalb eine langfristige und intensive Planung, um den Wissenstransfer zu bewerkstelligen.

Wie bei jedem Langzeitkonto muss der Arbeitnehmer seine geplante Freistellung vorher ansparen, er geht in Vorleistung, der Arbeitgeber verbucht einen »Erfüllungsrückstand«, den er insolvenzsichern muss. Konzernbürgschaften reichen alleine nicht aus. Die **Insolvenzsicherung** ist in § 8a Altersteilzeitgesetz genau geregelt.

Die staatliche Förderung läuft zum 31. Dezember 2009 aus.

Allerdings haben vor 2010 begonnene Altersteilzeitverträge Bestandsschutz. Zeitwertkonten können die Grundidee der Altersteilzeit in großen Teilen abbilden.

Vorteile:

► Senkung des durchschnittlichen Arbeitnehmeralters verringert Krankenstand und erhöht die Motivation,
► Senkung des Renteneinstiegsalters,
► gesetzlich geregelter Insolvenzschutz.

Nachteile:

► durch die Senkung des Durchschnittsalters verzichtet das Unternehmen auf einen Teil seines Erfahrungsfundus,
► Senkung des Arbeitsentgelts während der Anspar- und Freistellungsphase,
► (leichte) Senkung des staatlichen Rentenbetrags nach Erreichen der Regelaltersgrenze.

Zusammenfassung

Seit Menschen zu Beginn der Industrialisierung systematisch ihre Arbeitskraft gegen ein festes Entgelt verkaufen, gibt es Methoden zu deren Erfassung. Die Nutzung der Stempeluhr war industriegeschichtlich vor allem deshalb revolutionär, weil sie erstmals eine **Mehrarbeit** registrierte. Entweder konnte der Mitarbeiter tags darauf früher gehen, oder er hatte am Monatsende mehr Geld in der Lohntüte; das erste (sehr statische) Zeitkonto war entstanden. Ein Bauer oder Handwerker kannte trotz teilweise erheblicher saisonaler Arbeitsschwankungen keinen Arbeitsüberschuss, den er zurücklegen konnte.

Nach dem Zweiten Weltkrieg erforderte eine Reihe politischer und wirtschaftlicher Veränderungen in Deutschland, das »Stempeluhrsystem« weiterzuentwickeln:

▶ Vermehrte Projektarbeit und globalisierte Konjunkturschwankungen, aber auch der verbesserte Kündigungsschutz erhöhten den Wunsch nach mehr Arbeitszeitflexibilität.

▶ Steigende Sozial-, Renten- und Steuerabgaben machten die Ausbezahlung von Überstunden für Arbeitgeber und Arbeitnehmer unattraktiv.

▶ Der Geburtenrückgang stellte das umlagefinanzierte deutsche Rentensystem in Frage, mit dem die abhängig Beschäftigten durch ihre Abgaben für die Renten der Ruheständler direkt (als Umlage) aufkommen.

▶ Die meisten Mitarbeiter möchten auch in Zukunft mit spätestens 65 Jahren den Ruhestand beginnen.

▶ Ein verändertes Freizeitbewusstsein und die höheren Ansprüche an die Erziehung der Kinder schufen den Bedarf nach mehr (Arbeits-)Zeitsouveränität (zum Beispiel Elternzeit für Väter).

Die elektronische Zeiterfassung machte zunächst ein einfach zu verwaltendes Gleitzeitkonto möglich. Durch weitere, teilweise parallele Entwicklungen handelten die Tarifpartner Arbeitszeitkonten aus, mit deren Zeitguthaben sich die Einzahlenden wahlweise Altersteilzeit oder

Vorruhestand »kaufen« konnten. Der rechtliche Rahmen des Altersteilzeitgesetzes und eine staatliche Förderung steigerten die Attraktivität der neuen Regelungen.

Die Grenzen zwischen Arbeits- und Privatleben verlieren an Trennschärfe: Moderne Kommunikationsmöglichkeiten schaffen mehr Unabhängigkeit von Standort und Zeit. Ständige Erreichbarkeit und »Home-Office« schränken die Zeitsouveränität der Arbeitnehmer kurzfristig so stark ein, wie sie langfristig neuen Raum geben. Erst Zeitwertkonten unterstützen eine Work-Life-Balance.

Was sind Zeitwertkonten?

Anfang 1998 führte Volkswagen das Zeit-Wertpapier ein. Das VW-Modell ermöglicht es den Mitarbeitern, die ein Arbeitsleben lang angesparten Werte (Überstunden, Entgeltbeträge) treuhänderisch durch einen externen Finanzdienstleister anzulegen, um mit dem Guthaben das Renteneintrittsalter bei vollem Arbeitsentgelt zu senken. Bei dem weitsichtigen Modell sind bereits einige der wichtigsten Erkennungsmerkmale von Zeitwertkonten zu finden: garantierter Werterhalt, Verzinsung durch Kapitalanlage und die Umwandlung in voll bezahlte Freistellung. Bei aller Innovation fehlte zu Beginn des Zeit-Wertpapiers die rechtliche Grundlage für das »Bruttosparen« oder einen Insolvenzschutz. Das Modell von Volkswagen wurde zum Wegbereiter des ersten »Flexibilitätsgesetzes«.

Auch nach dem Ende der Förderungsmöglichkeiten der betrieblichen Altersteilzeit hat sich am teilweise dringlichen Bedarf dieser Regelung nichts geändert. So läuft die staatliche Förderung der Altersteilzeit aus, nicht aber das Altersteilzeitgesetz.

Auf der Suche nach einer Weiterentwicklung der bisherigen Arbeitszeitkonten haben sich beide Tarifpartner zusammengesetzt und ein Modell entwickelt, das sowohl die Vorteile der bisherigen Regelungen zusammenfasste als auch den politischen und wirtschaftlichen Veränderungen Rechnung trug. Und mehr noch: Wie die nachfolgenden Kapitel zeigen, sind diese Langzeit- oder Lebensarbeitskonten sehr weitsichtig geplante Modelle gleichermaßen für Arbeitgeber, Arbeitnehmer und die Wirtschaft als Ganzes. In den betriebsindividuellen Regelungen hat sich der Begriff »Zeitwertkonten« durchgesetzt, in den Gesetzestexten ist von »Wertguthaben« die Rede.

Die wesentlichen Neuerungen gegenüber den bisherigen Arbeitszeitmodellen (siehe Kapitel »Abgrenzung von anderen Arbeitszeitmodellen«) lauten:

▸ Werterhalt des Guthabens,
▸ Insolvenzsicherung,
▸ Portabilität.

Ein Zeitwertkonto ist die konsequent weitergedachte und entwickelte Form eines betrieblichen Arbeitnehmerkontos, auf das Zeit- und Geldwerte gleichermaßen regelmäßig oder unregelmäßig fließen.

Ein Zeitwertkonto bilanziert eine aufgeschobene Vergütung mit dem Ziel der Freistellung.

Die Einlagen werden langfristig insolvenzgeschützt angelegt und verzinst. Eine Entnahme ist als Ganzes oder in Teilen als Zeit-, im Störfall (siehe Punkt »Störfall« im Kapitel »Rechtliche Grundlagen«) *auch als Geldauszahlung möglich.*

In den folgenden Kapiteln führen wir die Einzelheiten, die Möglichkeiten, die gesetzlichen Vorgaben und die Chancen für eine zukünftige Entwicklung aus. Dabei gehen wir auch auf kritische Punkte ein und zeigen Wege zu deren Handhabung.

Rechtliche Grundlagen

Die Kerngedanken des Zeitwertkontos wie
- ► Vorleistung des Arbeitnehmers,
- ► treuhänderische Verwaltung,
- ► Langfristigkeit der Anlage,
- ► steuer- und sozialabgabenfreies Sparguthaben (Bruttosparen)

machen einen gesetzlichen Rahmen nötig, innerhalb dessen die Tarifpartner je nach Unternehmensgröße und Branche eigene Modellvarianten als Tarifvertrag oder Betriebsvereinbarung entwickeln können und sollten.

Am 6. April 1998 verabschiedete der Bundestag das »**Gesetz zur sozialrechtlichen Absicherung flexibler Arbeitszeitregelungen**«, das als »Flexigesetz« bekannt wurde. Es hat Auswirkungen auf Gesetzestexte des Dritten bis Sechsten sowie des Zehnten und Elften Buchs des deutschen Sozialgesetzbuches (SGB).

Das »Flexigesetz« brachte für die Einführung von Zeitwertkonten in deutschen Unternehmen den Durchbruch. Besonders Mittelstandsunternehmen und Großbetriebe verankerten entsprechende Regelungen in den Tarifverträgen. Ebenso wuchs die Zahl kommerzieller Dienstleister, die Beratung, Softwarelösungen und Anlagemodelle zum Teil aus einer Hand anbieten.

Die ersten praktischen Erfahrungen zeigten aber auch Grenzen und Probleme. Kritische Punkte waren unter anderem der mangelhafte Insolvenzschutz und risikoreiche Anlagemodelle.

Zehn Jahre später, am 13. August 2008, verabschiedete das Kabinett den Entwurf einer Novellierung des Gesetzes. Am 1. Januar 2009 trat das »Gesetz zur Verbesserung der Rahmenbedingungen für die Absicherung flexibler Arbeitszeitregelungen« (das sogenannte »Flexi II«) in Kraft, mit dem zahlreiche Passagen des Sozialgesetzbuchs überarbeitet und ergänzt wurden.

Die folgenden Kapitel nennen die wesentlichen gesetzlichen Vorgaben des Sozialgesetzbuchs als Grundlage für betriebsindividuelle Vereinbarungen.

Voraussetzungen

Eine Wertguthabenvereinbarung liegt gemäß § 7b SGB IV vor, wenn

▶ eine schriftliche Vereinbarung vorliegt,

▶ nicht eine flexible Gestaltung der werktäglichen oder wöchentlichen Arbeitszeit verfolgt wird oder der Ausgleich betrieblicher Produktions- und Arbeitszyklen im Vordergrund steht,

- Arbeitsentgelt in das Wertguthaben eingebracht wird, um es für Zeiten der Freistellung von der Arbeitsleistung oder der Verringerung der vertraglich vereinbarten Arbeitszeit zu entnehmen,
- das aus dem Wertguthaben fällige Arbeitsentgelt mit einer vor oder nach der Freistellung von der Arbeitsleistung oder der Verringerung der vertraglich vereinbarten Arbeitszeit erbrachten Arbeitsleistung erbracht wird,
- das Monatsentgelt 400 Euro übersteigt, es sei denn, die Beschäftigung wurde vor der Freistellung als geringfügige Beschäftigung ausgeübt.

Erst bei einer Freistellung von mindestens einem Monat ohne unangemessene Abweichung des Freistellungseinkommens gegenüber dem durchschnittlichen Einkommen der letzten zwölf Monate gilt die sogenannte Beschäftigungsfiktion, der Freigestellte also als beschäftigt. Das Zeitwertkonto dient dem langfristigen Aufbau von Freistellungszeit und darf nicht zur Erfassung von Gleitzeit-, Kurzzeit- oder sogenannten Flexikonten zum Ausgleich täglicher Arbeitszeitschwankungen oder betrieblicher Produktionsschwankungen genutzt werden.

Grundlage eines Zeitwertkontos muss ein schriftlich ausgearbeiteter Vertrag sein.

Praxis-Tipp: Überprüfen Sie die Gleitzeitvereinbarung auf den Passus »... flexible Gestaltung der Arbeitszeit ...«. Fehlt er, kann eine Insolvenzsicherungspflicht bestehen!

Steuerstundung und Zuflussprinzip

Zeitwertkonten dürfen nur noch als Entgeltkonten geführt, die gesparten Zeitanteile müssen also in Geld umgerechnet werden. Als solches unterliegen sie der Lohnsteuer. Der steuerliche Vorteil der Zeitwertkonten erschließt sich erst aus der Frage, **wann wer welche** Steuern zahlen muss.

VORAUSSETZUNGEN FÜR STEUERLICHE ANERKENNUNG
Nach einem Schreiben des Bundesministeriums der Finanzen (BMF) vom 17. Juni 2009 finden Zeitwertkonten nur dann steuerliche Anerkennung, wenn die Arbeitnehmer

► in einem gegenwärtigen Dienstverhältnis (auch als geringfügig Beschäftigte) stehen,
► in einem befristeten Dienstverhältnis stehen.

Voraussetzung ist, dass das sich ergebende Guthaben innerhalb der vertraglich vereinbarten Befristung durch Freistellung ausgeglichen wird. Insbesondere bei befristeten Dienstverhältnissen sollte der Arbeitgeber auf diese Vorschrift achten.

Nicht in den Genuss steuerlicher Anerkennung der Zeitwertkonten kommen Organe von Körperschaften, zum Beispiel Mitglieder des Vorstands einer Aktiengesellschaft oder Geschäftsführer einer GmbH – allerdings nur *während* der Zeitspanne organschaftlicher Tätigkeiten.

Den Text des gesamten Schreibens finden Sie hier im Buch am Ende des Anhangs.

Auf dem Zeitwertkonto verbucht, gilt der Lohn als nicht ausbezahlt. Steuerlich (Lohnsteuer, Solidaritätszuschlag, gegebenenfalls Kirchensteuer) gilt in Deutschland jedoch das Zuflussprinzip: Erst wenn der Anleger das Kontoguthaben ausbezahlt bekommt, muss er die Bezüge als Einnahme der Steuer unterwerfen. Mit anderen Worten: Die Kapitalanlage besteht neben dem Nettolohn auch aus den gestundeten Steuern und – wie im folgenden Kapitel beschrieben – den ebenfalls gestundeten Beiträgen zur Sozialversicherung. Die aus der erhöhten Einlage resultierenden zusätzlichen Zinserträge und Spekulationsgewinne – das sogenannte Bruttosparen – sind ein großes Plus der Zeitwertkonten.

Bei einer Auszahlung im Störfall kann unter Umständen die sogenannte Fünftelregelung (§ 34 EStG – Vergütungen für mehrjährige Tätigkeiten) in Anspruch genommen werden. Damit reduziert sich die Steuerlast, die für das ausbezahlte Guthaben fällig wird.

Abgeltungssteuer

Kapitalerträge wiederum muss der Anleger nur dann versteuern, wenn er der **wirtschaftliche Eigentümer** der Sparwerte ist. Bei Zeitwertkonten ist dies der Arbeitgeber. Das Depot entspricht einer zurückgehaltenen Lohnzahlung, buchhalterisch aber ausbezahltem Bruttolohn. Dieser verbleibt in der unternehmerischen Sphäre. Die neu eingeführte Abgeltungssteuer betrifft lediglich private Rücklagen. Dann unterliegen die Erträge der Anlage einer pauschalen Quellensteuer in Höhe von 25 Prozent plus Solidaritätszuschlag. Personen- und Kapitalgesellschaften sind hingegen von der Abgeltungssteuer befreit.

PROGRESSION

Ziel der Zeitwertkonten ist die Freistellung, nicht die Ausbezahlung. Sowohl beim Sabbatical als auch beim Vorruhestand oder der Nutzung für eine (Alters-)Teilzeitregelung erzielt der Arbeitnehmer sein vertragliches Entgelt. Bei niedrigeren Altersbezügen kann der Ruheständler dagegen in den Genuss eines Steuervorteils kommen.

ZUFÜHRUNGSBEGRENZUNG

Das (gemäß aktuellem Bruttoeinkommen umgerechnete) Zeitguthaben darf nicht größer sein, als für eine Freistellung bis zur Regelaltersgrenze benötigt wird. Wie unter dem Punkt »Voraussetzungen« erwähnt, kann der Arbeitnehmer zwar höhere Beträge einbringen, muss sie aber sofort versteuern.

ZUFÜHRUNG VON STEUERFREIEM ARBEITSLOHN

Legt der Arbeitnehmer steuerlich begünstigten Arbeitslohn auf seinem Zeitwertkonto an, bleibt die Steuerfreiheit bei Auszahlung in der Freistellungsphase erhalten, sofern er die Summen getrennt ausweist. Dies gilt jedoch nur für den Zuschlag als solchen; daraus erzielte Wertsteigerungen sind lohnsteuer- und sozialversicherungspflichtig.

> **Praxis-Tipp:** Steuerfreie Beträge im Wertguthaben ansparen zu können setzt voraus, dass der Verwalter der Zeitwertkonten die unterschiedlichen »Lohnarten« führen kann (siehe Punkt »Verwaltungssystem« im Kapitel »Zentraler Baustein Administration«). Achten Sie bei der Auswahl des Verwalters auf diesen wichtigen Punkt!

Bleibt zu erwähnen, dass der fällige Steuersatz zum Zeitpunkt des Zuflusses gilt. Sinken die Steuersätze bis dahin, hat der Sparer Vorteile, steigen sie, hat sie der Staat. In jedem Fall bleibt der Vorteil einer Steuerstundung.

Sozialversicherungsbeiträge

Die Abgaben zur Sozialversicherung werden dann fällig, wenn das Unternehmen den Lohn ausbezahlt. Das Prinzip ist nun folgendes: Die ersparten Zeit- und Lohnanteile entsprechen einem momentanen Lohnverzicht. Für die Zeitdauer des Verzichts, also den Ansparzeitraum, stundet der Sozialversicherer die Abgaben.

Zusammen mit den noch nicht abgeführten Steuern spart der Anleger den vollen Bruttobetrag seines Lohns oder Gehalts zuzüglich der Sozialversicherungsbeiträge des Arbeitgebers. Je nach Vermögensanlage erhält er nun mehr Zinsen oder kann sich größere Aktien- und Fondsanteile leisten. Wie bei der Steuer ist die Entgelthöhe zum Zeitpunkt der Freistellung maßgeblich. Steigen die Beitragssätze, werden diese fällig, obwohl der Arbeitnehmer die Leistung in einer Zeit niedrigerer Beitragssätze erwirtschaftet hat.

Anlagevarianten

Die Grundlagen des ersten »Flexigesetzes« haben die Anlagevarianten der Sparer nicht grundsätzlich eingeschränkt. Das führte dazu, dass risikoreich angelegte Vermögen mitunter an den Kapitalmärkten vernichtet wurden. Wie in den beiden vorangegangenen Kapiteln beschrieben, wird der Staat (und damit der Steuern zahlende Bürger) dabei gleich dreifach geschädigt: Dem Staat entgehen die noch nicht zugeflossene Steuer, die gestundeten Sozialversicherungsbeiträge und – schlimmstenfalls – müssen die sozialen Sicherungssysteme den um seine Ersparnisse gebrachten Arbeitnehmer finanziell auffangen.

Im Normalfall verwaltet ein eingesetzter Dienstleister die Zeitwertkunden eines Unternehmens. Dieser Dienstleister ist entweder eine Bank bzw. Versicherung, die die Verwaltung und Deponierung von Zeitwertkonten vereint, oder es handelt sich um ein auf die Administration spezialisiertes Unternehmen, das mit Finanzdienstleistern zusammenarbeitet oder bei deren Auswahl berät.

So wurden Kapitalanlagevorschriften ein wesentlicher Bestandteil der Gesetzesnovelle. Im Einzelnen schränken zwei Schutzklauseln die Anlagevarianten ein.

(1) **Risikobegrenzung:** Demnach schränkt das Gesetz den Umfang der in Aktien und Aktienfonds angelegten Werte auf maximal 20 Prozent des eingebrachten Wertguthabens ein. Zusätzlich sind nach §80 des Vierten Sozialgesetzbuchs Wertguthaben »so anzulegen und zu verwalten, dass ein Verlust ausgeschlossen erscheint, ein angemessener Ertrag erzielt wird und eine ausreichende Liquidität gewährleistet ist«. Welche Anlage als riskant gilt, hängt nicht zuletzt auch von der subjektiven Betrachtung jedes Sparers ab. Um eine betriebseinheitliche Lösung zu entwickeln, könnte ein Anlageausschuss – eventuell mit Hilfe externer Berater – Risiken bewerten und die Anlagestrategie der Konten entsprechend korrigieren. **Einschränkung:**

Die Vorschrift kann durch Öffnungsklauseln im Tarifvertrag oder der Betriebsvereinbarung sowie bei der Beschränkung der Kontonutzung für Vorruhestandsvereinbarungen umgangen werden.

(2) **Kapitalerhalt:** Ziel ist mindestens der Erhalt des Wertguthabens zum vereinbarten Zeitpunkt der Auszahlung, also eine Null-Prozent-Verzinsung. Für die Erfüllung der Auflagen ist in jedem Fall der Arbeitgeber als sozialversicherungsrechtlicher Adressat verantwortlich, auch wenn er einen Dienstleister oder Produktgeber beauftragt. Das Rundschreiben der Sozialversicherungsträger vom 31. März 2009 (siehe Link im Anhang) differiert in der Darstellung des Werterhalts mit dem BMF-Schreiben vom 17. Juni 2009. Das BMF geht gegenüber den Sozialversicherungsträgern einen Schritt weiter und verlangt zur steuerlichen Anerkennung der Wertguthaben die Ausdehnung der Garantie auf den Betrag vor Abzug eventueller Anlagekosten. **Einschränkung:** Bei Eintreten eines Störfalls gilt diese Garantie nicht.

Praxis-Tipp: Entscheiden Sie erst über die Anlage, wenn die Rahmenbedingungen des Zeitwertkontos feststehen. Das hat den Vorteil, den betriebsindividuellen Regelungen und Öffnungsklauseln bei der Anlage der Wertguthaben voll Rechnung tragen zu können (siehe Kapitel »Einführungsprozess«). Um Nachhaftungsrisiken zu vermeiden, sollten Sie beim Kapitalerhalt darauf achten, die Kosten der Anlage mitzuberücksichtigen.

Mittel

Die möglichen Einlagen sind sehr vielfältig. Denkbar sind:

► außertarifliche Vergütung wie Tantiemen / Boni,
► Weihnachtsgeld oder Urlaubsgeld,
► Zeitanteile wie Resturlaubstage (abgesehen vom gesetzlichen Mindesturlaub) oder Überstunden,
► regelmäßige oder einmalige Arbeitgeberbeiträge (sogenannter Arbeitgeberzuschuss),
► Arbeitsentgelt (bis auf mindestens 401 Euro, um den Sozialversicherungsstatus zu gewährleisten).

Die Verhandlungspartner müssen in den Tarifverträgen sogenannte Öffnungsklauseln verankern, damit die Betriebsvereinbarungen rechtlich wirksam sind. Das Sozialgesetzbuch schreibt lediglich vor, das Zeitwertkonto – der Namensgebung zum Trotz – als reines Entgeltkonto zu führen. Angesparte Arbeitsstunden rechnet der Arbeitgeber zum geltenden Stundenlohn in Entgelt um.

Die meisten Vereinbarungen sehen einen festen Teil des monatlichen Lohns / Gehalts vor, den sich der Arbeitnehmer auf seinem Konto in Form eines Dauerauftrags gutschreiben lässt. Theoretisch kann dieser Anteil beliebig hoch sein. Da das »Flexigesetz« für Zeitwertkontensparer sozialversicherungspflichtige Arbeitsverhältnisse zwingend vorschreibt, muss sich der Arbeitnehmer monatlich mindestens 401 Euro auszahlen lassen, es sei denn, die Beschäftigung wurde vor der Freistellung als geringfügige Beschäftigung ausgeübt (siehe § 7b SGB IV).

Ein geringfügig Beschäftigter mit einem Monatsentgelt von 350 € darf am Zeitwertkontenmodell seines Unternehmens teilnehmen und monatlich 50 € zurücklegen. Er lässt sich 300 € ausbezahlen.

Ein sozialversicherungspflichtig Beschäftigter mit einem Monatsentgelt von 2000 € darf nicht 1650 € auf sein Zeitwertkonto überweisen und sich 350 € auszahlen lassen. Hier schreibt das Gesetz ein monatliches Mindestentgelt von 401 € vor.

Verwendung

Zeitwertkonten vereinen die Verwendungsmöglichkeiten aller Langzeitkonten. Die angesparten Entgeltwerte kann der Arbeitnehmer innerhalb seiner Lebensarbeitszeit, also bis zum Erreichen der Regelaltersgrenze, in eine Vielzahl von Freistellungsvarianten eintauschen. Zu den »klassischen« Sparmotiven, die im Zeitwertkonto aufgegangen sind, gehören der Vorruhestand und die Altersteilzeit. Zwar sind diese Freistellungsansprüche gesetzlich verbrieft, doch haben betriebliche Vereinbarungen bei der Ausgestaltung recht breiten Spielraum. Ausgiebige Vorschläge zu den Variablen erhalten Sie im zweiten Teil des Buches im Kapitel »Einführungsprozess«. Abseits der Altersfreistellung lassen sich einige sehr attraktive Verwendungsmöglichkeiten vereinbaren, die kulturellen, sozialen oder wirtschaftlichen Veränderungen der jüngsten Zeit Rechnung tragen.

Zu ihnen gehört die Freistellung des Arbeitnehmers für verlängerte Elternzeiten. Väter bekommen auf diese Weise die

Möglichkeit, nach der abgelaufenen Elternzeit der Mutter den Nachwuchs während des zweiten Lebensjahres zu betreuen. Eine weitere Möglichkeit ist die Pflege kranker Familienangehöriger. Gesetzliche Freistellungsansprüche sind:

► Pflegezeiten nach dem Pflegezeitgesetz,
► Elternzeit nach dem Bundeselterngeld- und Elternzeitgesetz,
► Teilzeit nach dem Teilzeit- und Befristungsgesetz.

In Betriebsvereinbarungen lassen sich die gesetzlichen Freistellungsansprüche ausschließen und im Gegenzug weitere Freistellungsvarianten verankern. Dazu gehören Auszeiten für eine außerbetriebliche Fort- und Zusatzausbildung.

Eine Besonderheit ist das **Sabbatical:** Der Begriff bezeichnet den Zeitraum eines Jahres, in dem der Arbeitnehmer in Teil- oder Auszeit geht, ohne tarifliche, arbeitszeitliche oder hierarchische Änderungen befürchten zu müssen. Der Angestellte erspart sich das Sabbatical über sein Langzeitkonto. Einlagen sind neben Überstunden auch ein kontinuierlicher Verzicht auf einen Teil des vertraglichen Arbeitsentgelts oder Sonderzahlungen über einen längeren Zeitraum von mehreren Jahren. Auch bei diesem Modell gewährt der Gesetzgeber betriebsindividuellen Regelungsspielraum. Das Sabbatical hat eine Tradition in vielen Ländern und wird individuell und kulturell zu verschiedenen Zwecken genutzt:

► Weiterbildung, Umschulung,
► Reisen,
► Hausbau,
► Kinder- oder Krankenbetreuung,
► Elternzeit, Pflegezeit.

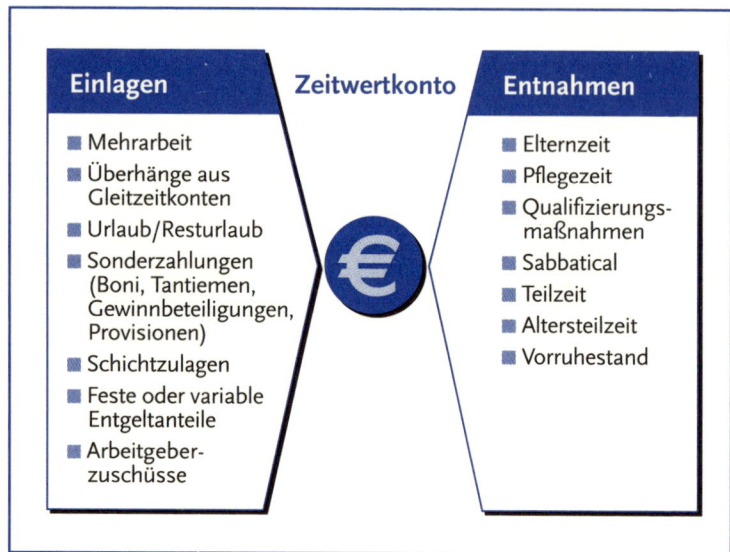

Ein derart großer Freistellungszeitraum kann für Probleme sorgen, wenn der Arbeitnehmer sein Zeitguthaben während einer konjunkturell oder saisonal zeitintensiven Phase einlösen möchte. Die langfristige und intensiv abgesprochene Planung ist beim Sabbatical also ebenso notwendig wie bei der Nutzung des Kontos für eine Vorruhestandsregelung (siehe nächstes Kapitel). Die Ankündigungsfristen regelt die betriebsinterne Vereinbarung.

Insolvenzschutz

Durch das langfristige Sparen sammelt sich auf diesem Konto der Geldwert Hunderter bis Tausender Arbeitsstunden an, die einen erheblichen wirtschaftlichen Wert darstellen. Zwar verpflichtete auch das erste Gesetz zur Flexibilisierung der Arbeitszeiten (»Flexigesetz«) in § 7d SGB IV die Vertragsparteien, bei Vorliegen der dort genannten Voraussetzungen eine irgendwie geartete Vorkehrung zur Insolvenzsicherung der Arbeitszeitkonten zu vereinbaren. In welchem Ausmaß und wie die Ausgestaltung zu erfolgen hat, war jedoch nicht geregelt. Die fehlende Sanktionierung führte dazu, dass die Unternehmen die Werte als interne Rücklage verbuchten oder reinvestierten. Dadurch waren oft die Sparrücklagen ebenso verloren wie der Arbeitsplatz. Die Novellierung des Sozialgesetzbuches im Zuge von »Flexi II« hat unter anderem den Insolvenzschutz deutlich verbessert.

Über den Arbeitnehmer hinaus haben auch noch das Finanzamt wegen der gestundeten Lohnsteuer und die Sozialversicherungen wegen der noch nicht abgeführten Beiträge Interesse an einer mindestens werterhaltenden Sicherung des angelegten Vermögens.

Als eine der wesentlichen Neuerungen fügte der Gesetzgeber bei der Novellierung 2008 wesentliche Haftungs- und Sicherungsvorgaben hinzu.

Der Insolvenzschutz ist nun zwingender Teil der Betriebsvereinbarung zu Zeitwertkonten und umfasst (Brutto-)Entgelt inklusive sämtlicher Sozialversicherungsbeiträge. Das Unternehmen muss den Schutz der Konten dem Arbeitnehmer nachweisen. Die Deutsche Rentenversicherung Bund (DRVB) überprüft die betriebliche Insolvenzsicherung zusätzlich mindestens alle vier Jahre. Im Fall einer Insolvenz haften die Organe einer Kapitalgesellschaft gesamtschuldnerisch für eine unzureichende Sicherung der gesparten Zeitwerte. Kann das Unternehmen keinen vollständigen Insolvenzschutz nachweisen, kann der Rentenversicherer die Konten auflösen und der Arbeitnehmer Schadensersatzansprüche geltend machen.

Gemäß § 7e (2) SGB IV sind nur noch folgende Sicherungsmaßnahmen als geeignete Instrumente genannt:

- ► Treuhandverhältnis, also das häufig verwendete CTA (Contractual Trust Arrangement – doppelte Treuhand),
- ► schuldrechtliches Verpfändungsmodell mit ausreichender Sicherung gegen Kündigung,
- ► Versicherungs- oder Bürgschaftsmodell, ebenfalls mit ausreichender Sicherung gegen Kündigung.

In der Praxis finden die beiden erstgenannten Instrumente am häufigsten Anwendung. Die Bürgschaft schränkt in der Regel den Kreditrahmen des Unternehmens ein, ist meist zeitlich befristet und nicht ausreichend gegen Kündigung geschützt. Daher ist diese nicht zu empfehlen. Ob sich ein Markt für die Versicherungslösung ergibt, bleibt abzuwarten. Während der Entstehung des Buchs erklärte sich ein Versicherer bereit, einzelne Anfragen individuell zu prüfen. In der Versicherungswelt ist es neu, dass Verträge während der Laufzeit nicht gekündigt werden dürfen.

Im Regelfall entsteht ein doppeltes Treuhandverhältnis zwischen Treuhänder, Unternehmen und Mitarbeiter. Im Fall der Insolvenz (»Störfall«) löst der vom Unternehmen eingesetzte Treuhänder die Konten auf und zahlt die Vermögen – nach Abzug der Steuer und Sozialabgaben – aus (siehe Punkt »Störfall« im Kapitel »Rechtliche Grundlagen«). Alternativ ist eine Übertragung an den neuen Arbeitgeber oder die DRV Bund möglich – (vorerst) ohne Abzug von Steuern und Sozialabgaben.

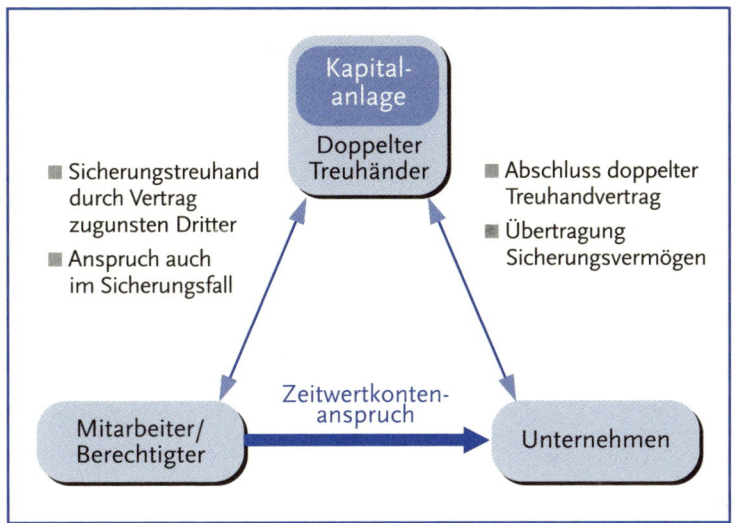

Für den Fall eines Finanzmarktdebakels ist das eingezahlte Guthaben durch die Anlageschutzklausel gegen Verluste gesetzlich gesichert (siehe Punkt »Anlagevarianten« im Kapitel »Rechtliche Grundlagen«). Es haftet der Produktgeber, wenn der Arbeitgeber ein entsprechendes Produkt ausgewählt hat.

Die Spitzenverbände der Sozialversicherungsträger wiesen in ihrem Schreiben darauf hin, dass bei Wertguthaben, die bereits vor dem 1. Januar angespart worden sind, die Werterhaltungsgarantie für die Wertguthabenhöhe am 31. Dezember 2008 gilt, und zwar unabhängig von der »Beitragssumme«.

Die neue Werterhaltungsgarantie bezieht sich auf Guthaben, die der Sparer nach dem 1. Januar 2009 neu oder durch die Neuanlage des alten Wertguthabens gebildet hat. Um diese Unterscheidung vorzunehmen, müssen alte und neue Einzahlungen in zwei getrennten Konten geführt werden.

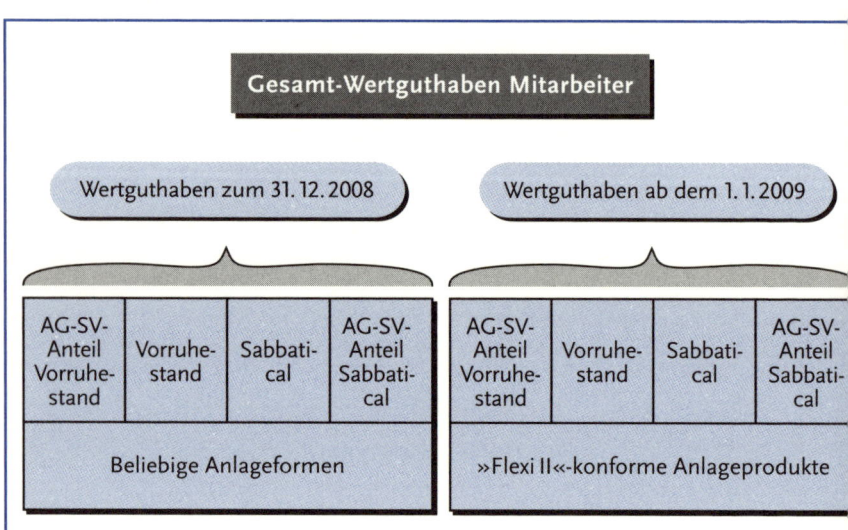

Praxis-Tipp: Fragen Sie Ihren Verwalter, ob er diesen Sachverhalt abbilden kann (siehe auch Punkt »Zuführung von steuerfreiem Arbeitslohn« im Kapitel »Steuerstundung und Zuflussprinzip«)

Störfall

Ziel der Zeitwertkonten ist die (bezahlte) Freistellung. Gründe, die dieses Ziel verhindern, lösen sozialversicherungsrechtlich einen »Störfall« aus. Da die vertragliche Bindung von Zeitwertkonten nur über einen längeren Zeitraum – im Idealfall über das gesamte Arbeitsleben – Sinn ergibt, kommt es besonders bei der Auflösung eines Arbeitsverhältnisses zum Störfall.

Störfälle können sein:

Störfall-beschreibung	Auflösung und Ausbezahlung	Übertragung an Folge-arbeitnehmer oder DRV Bund	Übertragung an die rechtmäßigen Erben
Beendigung des Arbeitsverhältnisses*	✗	✗	
Pensionierung aus Altersgründen, bevor das Gut-haben verbraucht werden konnte*	✗		
Insolvenz des Arbeitgebers	✗	✗	
wirtschaftliche Notlage des Arbeitnehmers	✗		
Invalidität	✗		
Tod	✗		✗

*Eine Übertragung in die betriebliche Altersversorgung ist unter bestimmten Voraussetzungen möglich. Die Übertragung in die betriebliche Altersversorgung wird steuerlich flankiert, von der Sozialversicherung dagegen nicht. Die Besteuerung hängt vom Durchführungsweg ab.

Die Übertragung an einen Folgearbeitgeber setzt allerdings voraus, dass dieser ebenfalls Zeitwertkonten anbietet (siehe Punkt »Portabilität« im Kapitel »Rechtliche Grundlagen«).

Eine geringere Bedeutung haben Störfälle bei Auszahlung des Wertguthabens während eines bestehenden Arbeitsverhältnisses.

Ähnlich wie beim Zuflussprinzip der Steuern gilt auch bei den gestundeten Sozialversicherungsbeiträgen der zum jeweiligen Einlösezeitpunkt gültige Beitragssatz.

Für Sparer mit Einkommen unterhalb der Beitragsbemessungsgrenze (BBG, siehe auch »Problem ›Beitragsbemessungsgrenze'« im Kapitel »Vor- und Nachteile«) bleibt die Rechnung klar: Der ermittelte Sozialversicherungsbeitrag während der Ansparphase ist gleich dem zugrunde gelegten Betrag zur Ermittlung der Sozialversicherungsbeiträge zum Zeitpunkt der Kontoauflösung.

Schwieriger liegt der Fall bei Sparern mit hohem Einkommen oberhalb der BBG. Um zwischen sozialversicherungsfrei und -pflichtig unterscheiden zu können, prüft der Sozialversicherungsträger den Differenzbetrag zwischen der BBG und dem Monatsbrutto abzüglich des Sparbetrags: die sogenannte *Sozialversicherungs-Luft* (SV-Luft), der Betrag, der sozialversicherungspflichtig hätte sein können. Das Ergebnis dieser rechnerischen Überprüfung zeigt für alle positiven Ergebnisse die Kontenwerte, die sozialversicherungspflichtig sind. Ergibt die Rechnung eine SV-Luft von null oder geringer (negativer Wert), bleibt das Wertguthaben bei Auszahlung im Störfall sozialversicherungsfrei.

Zahlenbeispiel 1:
  BBG liegt bei 5000 €
  Gehalt: 3500 €
  Einbringung in ZWK: 500 €
  SV-Luft: 2000 € = (5000 € – 3000 €)
In diesem Beispiel hätten rechnerisch 2000 € sozialversicherungspflichtig sein können. Da allerdings die SV-Luft den Sparbetrag nicht überschreiten kann, bildet der Arbeitnehmer dieses Beispiels 500 € SV-Luft und verbeitragt die Summe im Störfall mit den dann gültigen Sozialversicherungssätzen.

Zahlenbeispiel 2:

BBG liegt bei 5000 €

Gehalt: 8000 €

Einbringung in ZWK: 1000 €

SV-Luft: −2000 € = 5000 € − (8000 € − 1000 €)

Der negative Wert zeigt, dass die dem Wertguthaben zugeführten 1000 € im Störfall sozialversicherungsfrei bleiben. Bringt der gleiche Sparer aber 4000 € ein, beträgt die SV-Luft 1000 €:

1000 € = 5000 € − (8000 € − 4000 €)

Löst der Sparer einen Störfall aus, muss er noch für 1000 € Sozialversicherungsbeiträge leisten, der Rest bleibt sozialversicherungsfrei.

Relevant ist die SV-Luft nur im Störfall. Bei ratierlicher Auszahlung während der Freistellung gelten für die Lohnzahlungen die normalen Vorgaben der Sozialversicherer. Es gilt die sogenannte »Beschäftigungsfiktion« (Freistellung mehr als ein Monat). Der Mitarbeiter bezieht weiterhin sein Gehalt vom Arbeitgeber. Da er aber keine Arbeitsleistung in der Freistellung erbringt, entnimmt der Arbeitgeber den »Lohn« aus dem angesparten Wertguthaben und führt Steuern und Sozialversicherungsbeiträge ab.

Der Arbeitgeber ist nun verpflichtet, ab dem ersten Zahlungseingang auf dem Zeitwertkonto über die SV-Luft Buch zu führen. Die Aufzeichnung der SV-Luft muss für jeden Sozialversicherungszweig einzeln erfolgen, da diese unterschiedlichen Beitragsbemessungsgrenzen unterliegen. In einem Störfall wird das gesamte Wertguthaben (einschließlich etwaiger Wertzuwächse, Zinsen oder Ähnliches), höchstens jedoch bis zu der für den einzelnen Versicherungszweig für die Dauer der Arbeitsphase der vereinbarten Arbeitszeitflexibilisierung festgestellten SV-Luft, als beitragspflichtiges Arbeitsentgelt berücksichtigt.

Zwar können die meisten Personalabrechnungssysteme (Human-Ressource-Systeme) die SV-Luft berechnen. Die Abrechnung im Störfall beherrschen sie in der Regel nicht. Hier ist der Verwalter mit einer geeigneten Software gefragt, der im Störfall die Abrechnung vornimmt (siehe Kapitel »Umsetzung und Administration«). Voraussetzung ist, dass das Verwaltungssystem die SV-Luft für die Dauer eines individuellen Zeitwertkontos durchgehend führt und jede einzelne Sparperiode einzeln ausweist.

> **Praxis-Tipp:** Beim Wechsel des Verwalters sollten Sie unbedingt auf die Mitgabe der relevanten Daten achten.

Portabilität

Arbeitsverhältnisse bestehen in der Regel nicht mehr lebenslang bei einem Arbeitgeber. Beim Arbeitsplatzwechsel kann der Arbeitnehmer sein Zeitwertkonto »mitnehmen«, es portabel machen. Das setzt aber voraus, dass der neue Arbeitgeber das Guthaben übernimmt. Ist dies nicht der Fall, hat der Arbeitnehmer zwei Möglichkeiten: Er überträgt sein Wertguthaben der Deutschen Rentenversicherung Bund (DRV Bund) oder löst das Konto auf (Störfall). In jedem Fall ist der alte Arbeitgeber verpflichtet, dem Arbeitnehmer das Guthaben mitzugeben.

Zur Übertragung auf die DRV Bund gelten seit dem 1. Juli 2009 folgende Regelungen:
Um ein Wertguthaben an die DRV Bund zu übertragen, muss dieses mindestens einschließlich des Arbeitgeberbeitragsanteils zur Sozialversicherung einen Betrag in Höhe des Sechsfachen der monatlichen Bezugsgröße übersteigen. Im Jahr 2009 beträgt dieser Schwellenwert 15 120 Euro in den alten und 12 810 Euro in den neuen Bundesländern.

Dieses übertragene Wertguthaben kann nicht rückübertragen werden. Ebenfalls ist die Übertragung auf einen späteren Folgearbeitgeber mit Zeitwertkonto ausgeschlossen. Dasselbe gilt für weitere regelmäßige Einzahlungen.

Hinweise: Bisher hat der Gesetzgeber nicht festgelegt, zu welchen Konditionen die Anlage der Wertguthaben bei der DRV Bund erfolgt. Wir gehen davon aus, dass sich die Wertentwicklung an der Entwicklung der Renten orientieren wird. Alle anfallenden Kosten der Verwaltung entnimmt die DRV Bund dem Wertguthaben, zu deren Höhe sie (Stand: nach Redaktionsschluss des Buches) noch keine Angaben gemacht hat. Auch muss die DRV Bund den Folgearbeitgeber nicht über das Wertguthaben informieren, so dass sich dieser unter Umständen recht plötzlich mit einem Freistellungswunsch seines Mitarbeiters konfrontiert sieht.

Die Übertragungsmöglichkeit an die DRV Bund ist grundsätzlich ein Vorteil, die Unsicherheiten im Detail müssen jedoch noch geklärt werden.

Beachten Sie auch, dass der SV-Anteil ebenfalls auf die DRV Bund übertragen wird und weiterhin eine wichtige Rolle spielt (siehe auch Punkt »Problem ›Beitragsbemessungsgrenze‹‹ im Kapitel »Praktischer Nutzen von Zeitwertkonten«). Im Gegensatz zur betrieblichen Altersversorgung sind Guthaben im Todesfall frei vererbbar und dürfen nicht nur an Hinterbliebene (im Sinne des SGB) ausgeschüttet werden.

Status

Die Regelaltersgrenze liegt in Deutschland noch bis Ende 2011 bei 65 Jahren. Das heißt, dass Arbeitnehmer nur dann den Anspruch auf die ihnen zustehende volle Leistung der gesetzlichen Rente geltend machen können, wenn sie bis zur Vollendung des 65. Lebensjahres voll erwerbstätig waren.

Im Jahr 2004 lag das durchschnittliche Renteneintrittsalter in Deutschland bei 63 Jahren, wobei die Arbeitnehmer im Osten im Mittel etwas früher, die im Westen etwas später in den Ruhestand gingen. Vier Jahre zuvor lag das durchschnittliche Renteneintrittsalter noch etwa ein Jahr darunter. Zum Beispiel brachte die Privatisierungswelle in den 90er Jahren einen großen Schub frühpensionierter Beamter. In wirtschaftlich schlechten Zeiten entscheiden sich ebenfalls viele arbeitslos gemeldete ältere Menschen für einen vorgezogenen Ruhestand. Zwar gab es diverse tarifvertragliche und gesetzliche Varianten, die freigestellten Frührentner finanziell abzufangen. Doch war in den meisten Fällen ein vorgezogener Ruhestand mit doppelten finanziellen Einbußen verbunden, da durch den Wegfall der Rentenversicherungsbeiträge das volle Bezugsniveau ebenfalls sank.

Die Tendenz geht – wie die Statistik zeigt – hin zu einem höheren Renteneinstiegsalter. Zum einen nimmt die Zahl der

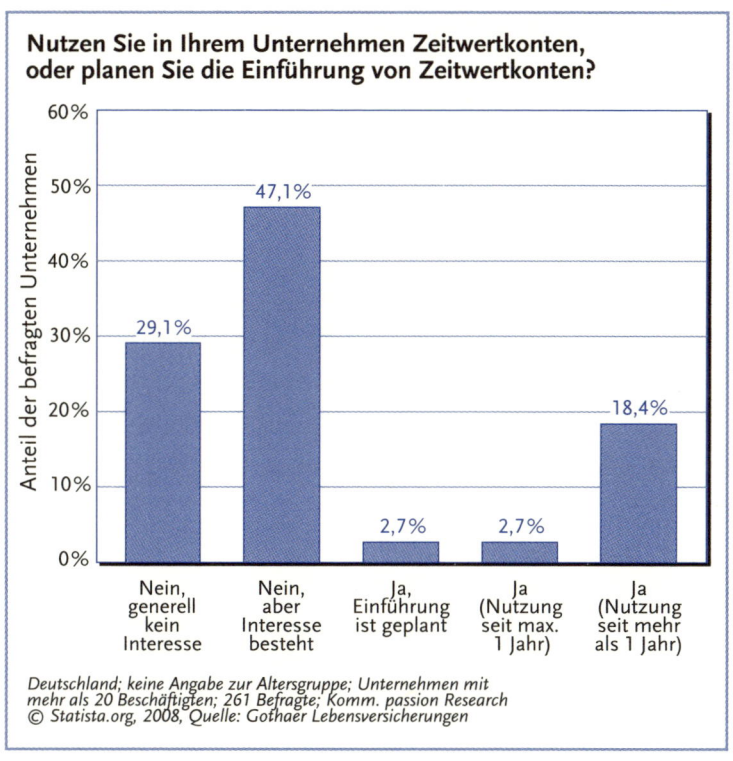

Nutzen Sie in Ihrem Unternehmen Zeitwertkonten, oder planen Sie die Einführung von Zeitwertkonten?

Anteil der befragten Unternehmen

- Nein, generell kein Interesse: 29,1%
- Nein, aber Interesse besteht: 47,1%
- Ja, Einführung ist geplant: 2,7%
- Ja (Nutzung seit max. 1 Jahr): 2,7%
- Ja (Nutzung seit mehr als 1 Jahr): 18,4%

Deutschland; keine Angabe zur Altersgruppe; Unternehmen mit mehr als 20 Beschäftigten; 261 Befragte; Komm. passion Research © Statista.org, 2008, Quelle: Gothaer Lebensversicherungen

Erwerbstätigen ab, die durch körperlich hohe Belastungen schneller arbeitsunfähig werden. Zum anderen gibt es klare politische Vorgaben: Der Jahrgang 1946 wird 2011 als letzter mit einer Regelaltersgrenze von 65 in Rente gehen. Jeder folgende Jahrgang erreicht den vollen Rentenanspruch jeweils etwas später, bis die Arbeitnehmer des Jahrgangs 1964 erst mit Vollendung des 67. Lebensjahres die vollen Rentenzahlungen erhalten.

Nach einer Studie der Gothaer Versicherung möchten 84 Prozent der deutschen Arbeitnehmer vor dem 67. Lebensjahr in Rente gehen, ohne jedoch auf den gewohnten Lebensstandard verzichten zu wollen. Nicht einmal jeder Fünfte (18,4 Prozent) verfügte zum Zeitpunkt der Studie 2008 über ein Zeitwertkonto. Der aus dieser Diskrepanz abgeleitete Bedarf ist also enorm. Auch hier sind die Ursachen vielfältig: Während bei den Arbeitnehmern Zeitwertkonten kaum bekannt sind, geht jeder zweite Arbeitgeber davon aus, dass nach einer Einführung höchstens 20 Prozent der Belegschaft die Langzeitkonten nutzen würden. Wie unangebracht diese Skepsis ist, zeigt die Befragung der Arbeitnehmer: 41 Prozent würden die Möglichkeit sofort wahrnehmen, weitere 35 Prozent zeigen sich interessiert an mehr Informationen.

Bereits etwa die Hälfte der Betriebe hat Interesse an der Einführung von Zeitwertkonten, weitere 2,7 Prozent planen die Einführung bis Ende 2009.

Fast jeder zweite Betrieb mit mehr als 25 000 Beschäftigten bietet Zeitwertkonten bereits heute an. Insbesondere in der Metall- und Elektro-, aber auch in der chemischen Industrie wurden mittlerweile vielfältige tarifvertragliche Vereinbarungen zu Langzeitkonten geschlossen, die in der betrieblichen Praxis eine große Anwendung finden.

Wir gehen davon aus, dass sich diese Entwicklung weiter fortsetzen wird und die Verbreitung der Zeitwertkonten kontinuierlich zunimmt. Positiver Nebeneffekt: Je mehr Unternehmen das Modell anbieten, desto einfacher wird die Möglichkeit der Portabilität von Wertguthaben, was wiederum deren Akzeptanz vergrößert.

Anforderungen an Zeitwertkonten

Das »Flexi II« gibt einen bereits recht differenzierten gesetzlichen Rahmen für Zeitwertkonten vor. Trotzdem ist der Spielraum groß genug, um den großen Unterschieden zwischen den Branchen, Betriebsgrößen, Entwicklungsperspektiven und Mitarbeiterprofilen gerecht zu werden.

Die beiden folgenden Unterkapitel nehmen bewusst jeweils eine unkommentierte Perspektive ein, um im dritten Unterkapitel bei den eher problematischen Punkten die Basis für betriebliche Zielvereinbarungen zu skizzieren.

Anforderungen aus Arbeitgebersicht:

► Organisation eines arbeitnehmerfinanzierten Vorruhestands (gerade auch im Hinblick auf die nach 2009 auslaufende »Altersteilzeit«),

► bedarfsgerechte Steuerung des Arbeitszeiteinsatzes bei konjunkturellen und betriebsbedingten Veränderungen,

► betriebsbedingte Kündigungen vermeiden,

► Einsparung von Lohnfortzahlungskosten bei Freistellung des Arbeitnehmers nach Kündigung,

► Erhaltung der Leistungsfähigkeit der Mitarbeiter und Vermeidung speziell von »Burn-outs«,

► Verstärkung der Motivation und Bindung der Mitarbeiter mit der Folge geringerer Fluktuationskosten,

► Verbesserung der Attraktivität des Unternehmens bei der Suche nach anspruchsvollen Fach- und Führungskräften,

► Möglichkeit der Profilierung als verantwortungsvoller und sozialer Unternehmer und der Schaffung einer hohen Zufriedenheit und Motivation bei den Arbeitnehmern sowie der Identifikation mit dem Unternehmen.

Anforderungen aus Arbeitnehmersicht:

▶ Entwicklung eines attraktiven Modells, der »Rente mit 67« entgegenzuwirken,
▶ Entwicklung eines ebenso sicheren wie attraktiven Kapitalanlagemodells,
▶ zunehmende Nachfrage nach Instrumenten zur individuellen Gestaltung der (Lebens-)Arbeitszeit,
▶ flexible und differenzierte Einsetzbarkeit des Sparguthabens für:
  ▷ Vorruhestand / Altersteilzeit / Teilzeit
    – bei vollen Bezügen
    – Reduktion auf bis zu 70 Prozent der letzten Bezüge
  ▷ Sabbatical / Langzeiturlaub
  ▷ Elternzeit
  ▷ Qualifizierungsmaßnahmen
  ▷ Pflegezeit
▶ Vermeidung einer frühzeitigen verbindlichen Festlegung für Ansparmodalitäten und spätere Verwendung des »Sparguthabens«,
▶ volle Verfügbarkeit des erarbeiteten Wertes,
▶ Insolvenzschutz,
▶ Transparenz (Kündigungsschutz, Höhe des Wertguthabens),
▶ Bezuschussung durch den Arbeitgeber,
▶ steuerbegünstigtes Sparen.

Interessenausgleich

Beide Partner werden von einem gemeinsamen Ziel geführt: Arbeitgeber und Arbeitnehmer möchten Arbeitsplätze sichern und Unternehmen erhalten.

Es folgen Vorschläge zur Vereinigung der größten »Dipole«: Letztlich sollte die Vermittlung einem unabhängigen Dienstleister mit Erfahrung überlassen werden.

ARBEITNEHMERFINANZIERTES MODELL VS. ARBEITGEBERZUSCHUSS

Etwa 30 Prozent der Unternehmen stocken die Zeitwertkonten ihrer Mitarbeiter zusätzlich auf. Der Arbeitgeberzuschuss bietet in der Praxis für die Arbeitnehmer einen besonderen Anreiz, an dem Zeitwertkontenmodell teilzunehmen bzw. einen höheren Anteil an Entgelt- oder Zeitbestandteilen einzubringen. Auf diese Weise kann der Arbeitgeber auf die Bildung der Wertguthaben seiner Mitarbeiter Einfluss nehmen. Möchte er die Sparwerte erhöhen, kann er den Arbeitgeberzuschuss prozentual an die Zahlungen des Mitarbeiters koppeln. In einem solchen Fall ist es ratsam, für den Arbeitgeberzuschuss pro Beschäftigtem eine jährliche Obergrenze festzusetzen. Um die Liquidität des Betriebs nicht zu gefährden, kann eine Vereinbarung auch die Kündigung oder das Aussetzen der Zuschüsse während wirtschaftlich kritischer Phasen festlegen bzw. zeitlich befristet werden.

Selbstverständlich können die Wertguthaben auch vollständig durch den Arbeitgeber oder nur durch den Arbeitnehmer finanziert werden. Die erste Variante führt jedoch zu einem enormen Anstieg der Personalkosten. Zudem wird von der Belegschaft keinerlei Eigeninitiative gefordert, um für das frühere oder teilzeitliche Ausscheiden aus dem Erwerbsleben zu sorgen. Daher kommt diese Möglichkeit in der Praxis eher nicht in Betracht. Die zweite Variante schlagen Arbeitgeber meist vor, wenn die Initiative zur Implementierung von Zeitwertkontenmodellen von den Betriebsräten ausgeht. Sicherlich spart die alleinige Finanzierung durch den Arbeitnehmer den Unternehmen zunächst erhebliche Kosten. Andererseits nimmt sich der Arbeitgeber auf diese Weise selbst die Möglichkeit, auf das »Ansparverhalten« seiner Mitarbeiter Einfluss zu nehmen. Zudem verringert sich die Motivation vor allem der älteren Mitarbeiter, am Zeitwertkontenmodell teilzunehmen, was den relativ aufwendigen Einführungsprozess und die Vorteile für den Arbeitgeber in Frage stellt.

Die Wirkung der Zeitwertkonten als strategischer Aspekt der Personalpolitik sollte den Arbeitgeber überzeugen, sich – eventuell zeitlich befristet – an der Finanzierung zu beteiligen.

Individuelle Steuerung des Guthabens vs. betriebliche Steuerung

Prinzipiell können Zeitwertguthaben zu jedem beliebigen Zeitpunkt des Arbeitslebens genutzt werden. Der Konflikt entbrennt dann, wenn beispielsweise der Arbeitnehmer ein Sabbatical während einer auftragsstarken Phase nehmen möchte oder der Arbeitgeber die für die Altersteilzeit gedachten Guthaben während einer Krisenzeit abgeleistet haben möchte. Hier sollten die Tarifpartner auf jeden Fall Entnahmeregelungen treffen. Der Spielraum für individuelle Betriebsvereinbarungen ist groß und reicht von »nur Vorruhestand« bis »alle Möglichkeiten«.

Kurz- und Mittelzeitkonten (siehe Kapitel »Abgrenzung von anderen Arbeitnehmerkonten«) eignen sich klassischerweise, um Projekt- und Konjunkturzyklen abzupuffern. Langzeitkonten sind – wegen der Langfristigkeit – in erster Linie für die Nutzung am Ende des Arbeitslebens gedacht. Gemäß der obersten Maxime, den Arbeitsplatz zu erhalten, könnte der Arbeitnehmer Teile seines Guthabens nutzen, um mit einer selbstfinanzierten Freistellung seinen Arbeitsplatz zu retten – jedenfalls dann, wenn die Vereinbarung eine solche Nutzung zulässt. Vorher sollte der Betrieb jedoch alle anderen Mittel – etwa Kurzarbeit oder Förderprogramme wie WeGebAU (Weiterbildung Geringqualifizierter und beschäftigter älterer Arbeitnehmer in Unternehmen) – ausgeschöpft haben. Allerdings verhindern zahlreiche Novellierungen durch das »Flexi II«, dass der Arbeitgeber ohne Zustimmung durch den Betriebsrat und die Kontoinhaber das Konto auflösen kann: Portabilität, Insolvenzschutz, Bestandsgarantie und die ausschließliche Führung der Guthaben in Geldwerten haben bei diesem Punkt eindeutig die Arbeitnehmerposition gestärkt. Trotzdem kann der angeschlagene Unternehmer den Arbeitnehmer unter Androhung der Kündigung dazu nötigen, sich auch gegen seinen Willen zulasten des Wertguthabens freistellen zu lassen. Ins Minus darf er das Konto allerdings nicht bringen.

Um die Zeitwertkonten bei drohender Insolvenz im beiderseitigen Einverständnis nutzen zu können, sind folgende Vereinbarungen denkbar:

▸ Das Unternehmen setzt im ersten Schritt auf Mitarbeiter, die freiwillig einer über ihr Zeitwertkonto bezahlten Freistellung zustimmen.

► Das Unternehmen bietet ein Gleitzeitkonto und ein Zeitwertkonto an. Das Gleitzeitkonto gleicht ähnlich einem Giro betriebliche Schwankungen aus, das Zeitwertkonto bleibt als Sparkonto unangetastet.

Prinzipiell hat der Arbeitgeber keinen Zugriff auf die Werte des Kontos. Beim Guthaben handelt es sich um das Vermögen des Arbeitnehmers, auch wenn das Unternehmen als wirtschaftlicher Eigentümer gilt.

Hohe Flexibilität bei der Anlage vs. niedrige Verwaltungskosten

Zwei Gesetzesgrundlagen regeln die Anlage der Wertguthaben: die Bestandsgarantie (Sicherung bei Insolvenz und Finanzmarktdebakeln) und die Beschränkung für Aktien und Aktienfonds auf maximal 20 Prozent des Guthabenwerts.

Auch der Finanzdienstleister bestimmt das Angebot der Anlagevarianten. Die Kunden und auch die Berater werden nach Produkten verlangen, die die geforderte Werterhaltungsgarantie beinhalten. Der Großteil der Arbeitgeber ist nicht bereit, dieses Risiko zu übernehmen. Der Markt wird zwei Produktlinien nachfragen: erstens eine jederzeitige Garantie (zum Beispiel bei Sabbaticals) und zweitens die Garantie für den vorgezogenen Ruhestand. Abseits dieser Einschränkungen können die Sparer auf einem gewissen Maß an Flexibilität bestehen. Um die Verwaltungskosten niedrig und die Zahl der Ein- und Anlagevarianten groß zu halten, sollten die Arbeitgeber auf Dienstleister achten, die die Verwaltung der Konten trotz eines breiten Leistungsspektrums zu einem Einheitspreis anbieten. Auch können bestimmte Klauseln der Vereinbarung regeln, ob, in welchen Abständen und durch wen Änderungen der Anlageform vorgenommen werden.

Zusammenfassung

Zeitwertkonten sind kein politisches, sondern ein tarifliches Instrument. Wie die Gesetzesnovelle zeigt, hat die Bundesregierung die Vorteile aber erkannt und unterstützt langfristig dieses Flexibilisierungsinstrument. Das macht die Gegensätze nicht unbedingt kleiner, verlagert sie aber in den Bereich der Unternehmensautonomie. Innerhalb der gesetzlichen Vorgaben haben die Tarifpartner die Möglichkeit, ihre betriebsindividuellen Anforderungen zu analysieren und Gegensätze abzubauen. Während im vorangehenden Kapitel »Vor- und Nachteile« eher modellimmanente Probleme zur Sprache kamen, benennt das vorliegende Kapitel klassische Reibungsflächen und leitet Näherungsstrategien ab.

Auch hier verweisen wir auf den Praxisteil des Buchs, in dem die Beschreibung des Einführungsprozesses mustergültige Meilensteine zeigt.

Zeitwertkonten trotz Wirtschaftskrise und Finanzmarktdebakel?

In Anbetracht der größten Wirtschaftskrise seit dem Zweiten Weltkrieg wuchs das Misstrauen der Arbeitnehmer gegenüber Zeitwertkonten. Die Befürchtung, mit den Guthaben die Fehler der Unternehmer und Anleger direkt (durch das »Abfeiern« der Zeitwerte) oder indirekt (durch den Verlust des Kontos bei Insolvenz) bezahlen zu müssen, brachte die gerade durch das »Flexi II« gestärkten Lebensarbeitszeitmodelle in Misskredit.

Wie das vorangehende Kapitel »Interessenausgleich« zeigt, sind die Befürchtungen jedoch nur zum Teil begründet.

Zusätzlich stützen weitere politische Vorgaben die Wertguthaben: Am 20. Februar 2009 hat der Bundesrat wesentlichen Verbesserungen beim Kurzarbeitergeld als Bestandteil des Konjunkturpakets II zugestimmt. Die in dem »Gesetz zur Sicherung von Beschäftigung und Stabilität in Deutschland« enthaltenen Neuregelungen zu Kurzarbeit und Qualifizierung gelten rückwirkend zum 1. Februar 2009. Zu den wesentlichen Neuerungen zählt, dass Mitarbeiter, die über ein Zeitwertkonto verfügen, ihr Wertguthaben vor Bezug des Kurzarbeitergeldes nicht ins Minus bringen müssen. Diese Regelung ist befristet gültig bis Ende 2010.

Vor allem die Arbeitnehmer zögern nun, Werte zu sparen, die sowohl durch die Krisenanfälligkeit des Arbeitgebers als auch durch die der Anlage gefährdet sind.

Risiko Depotanlage

Da es keine risikofreie Geldanlage gibt, sind entsprechende Entscheidungen getragen von Risikoabwägungen. Durch den gesetzlich geregelten maximalen Anteil der Anlage an Aktien, die Bestandsgarantie und die Insolvenzsicherung hat der Gesetzgeber eines der sichersten Kapitalanlagemodelle entwickelt. Mit einem Anteil von 80 Prozent an festverzinslichen

Wertpapieren wäre manch privater Anleger auch heute noch im Besitz seiner vor der Krise angesparten Rücklagen.

Risiko Arbeitgeber

Selbst im schlimmsten Fall, bei der Freistellung des Arbeitnehmers zulasten des Zeitwertkontos, zieht der Sparer den Nutzen selbst. Immerhin erhöht er die Chance auf Weiterbeschäftigung nach der Krise, bleibt finanziell abgesichert und sozialversichert. Der sich anschließende Anspruch auf Arbeitslosengeld I bleibt während der Freistellung und der eventuell folgenden Kurzarbeit voll bestehen.

Bei einem sofortigen Arbeitsplatzverlust muss der Kontobesitzer innerhalb von sechs Monaten eine neue Anstellung finden, um das Guthaben übertragen zu können. Danach löst die Störfallregelung das Konto auf. Hat der Arbeitslose das ausgezahlte Guthaben nicht innerhalb eines Jahres verbraucht und gleichzeitig keine neue Stelle gefunden, kann das Guthaben mit Hartz IV verrechnet werden und damit verloren gehen. Die Anrechnung der Wertguthaben auf Hartz-IV-Ansprüche kann nur vermieden werden, wenn der Mitarbeiter sein Wertguthaben an die Deutsche Rentenversicherung Bund überträgt.

Zusammenfassung

Zeitwertkonten sind in jeder Beziehung krisensicher. Über die Insolvenzsicherung und die Werterhaltungsgarantie hinaus bleibt das Guthaben auch während einer starken

Rezession im wirtschaftlichen Eigentum des Unternehmens, aber im »Besitz« und der Entscheidungshoheit des Sparers.

Im Fall der Arbeitslosigkeit bewertet die Bundesagentur für Arbeit das ausgezahlte Guthaben nicht anders als jede Sparrücklage.

Auch im Krisenfall bleiben die Nachteile der Zeitwertkonten. Die Krise selbst gehört aber nicht dazu.

Zentraler Baustein Administration

Zeit ist Geld – Geld ist Zeit. Um dieses einfache und doch in den Folgen komplexe Prinzip voll nutzen zu können, sollte die Administration der Konten einem spezialisierten Dienstleister übergeben werden.

Die Administration ist fachlich anspruchsvoll, technologisch herausfordernd und bedarf einer guten Vorbereitung im Unternehmen. Dennoch sind die Anforderungen nicht unlösbar, und durch die Auswahl der richtigen Strategie kann der personelle und finanzielle Aufwand minimiert werden.

Der Anbieter sollte besonders folgende Punkte überzeugend abbilden können:

► Geschäftsvorfälle, arbeitsrechtliche Besonderheiten, Informationspflichten,
► technologische Infrastruktur, Schnittstellen, Skalierbarkeit,
► operative Abwicklung.

Prozessbeschreibung

Zur Hauptaufgabe eines Verwalters gehört die kommunikative Vernetzung der vier wesentlichen Partner:
► Arbeitnehmer,
► Arbeitgeber,
► Treuhänder / Anbieter der Insolvenzsicherung,
► Produktgeber.

Der Arbeitnehmer erspart im ersten Schritt Zeit- oder Geldwerte, die er seinem Arbeitgeber überlässt. Dieser übergibt im Monatsabstand alle so entstandenen Mitarbeiterwerte dem Treuhänder, der letztlich erst die Ersparnisse zu den vereinbarten Konditionen einem Finanzdienstleister zur Anlage überlässt. Nur bei Letzterem liegen die eigentlichen Wertguthaben. Der Rückfluss im Auszahlungs- oder Störfall funktioniert auf dem gleichen Weg.

Das System klingt zunächst nach zu vielen Stellen, die ihre Margen realisieren. Und doch haben alle Stationen ihre Auf-

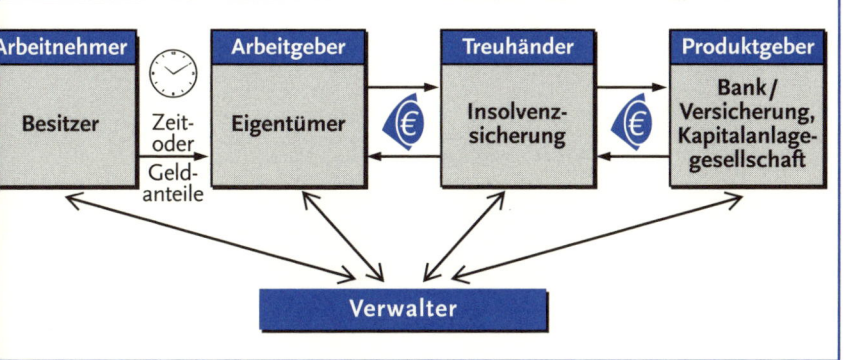

gabe, ermöglichen erst das komplexe Modell aus Langfristigkeit, Flexibilität und Sicherheit.

Die sparenden Arbeitnehmer sind die Besitzer der Wertguthaben, der rechtliche Eigentümer bleibt das Unternehmen, der Treuhänder übernimmt die Aufgabe der Insolvenzsicherung, der Finanzdienstleister kümmert sich um die professionelle Anlage.

Der Verwalter schließlich ist nötig, um eine reibungslose Kommunikation und Prozessabwicklung zu gewährleisten. Er bildet die Kommunikationsschnittstelle und das Datenarchiv zugleich. Im Gegensatz zu den Aufgaben der beteiligten Partner kann das Unternehmen die Verwaltung prinzipiell selbst übernehmen. Neueinstellungen, Schulungen, Softwarelizenzen und die fehlende Erfahrung machen die Aufgabe jedoch zur klassischen Dienstleistung; zumal meist fest vereinbarte Kosten pro Zeit und Konto für eine professionelle und erfahrene Leistung finanzielle Risiken auf eine gut kalkulierbare Größe reduzieren.

Der Administrator nimmt keine Werte in die Hand, er steuert die Prozesse. Bei ihm liegen die Stamm- und Beitragsdaten der Kontenbesitzer, die ihm der Arbeitgeber übermittelt.

Zu den laufenden Meldungen gehören:
- ► Zuführungen zum Wertkonto (Einzahlungen),
- ► Entnahmen aus Wertkonto (Auszahlungen),
- ► allgemeine Werte wie SV-Luft, Stundenlohn, Rechtskreis etc.

Der Verwalter übermittelt in seinem regelmäßigen Reporting den Kontostand und gegebenenfalls die SV-Luft. Einige Dienstleister ermöglichen dem Arbeitnehmer über ein Onlineportal, jederzeit seinen Kontostand zu überprüfen. Allerdings haben solche Portale nicht die Funktionalität des Onlinebankings. Schließlich entspricht das Zeitwertkonto weniger einem Giro als einem Sparbuch. Einlageänderungen oder Entnahmeanträge klärt der Mitarbeiter direkt mit dem Unternehmen. Der Administrator übernimmt die Kommunikation erst außerhalb des Betriebs. Es gibt Anbieter, die auch die zeitkontenrelevanten Abläufe innerhalb des Unternehmens regeln. Nach Meinung der Autoren sollte jedoch die »Meldehoheit« beim Unternehmen verbleiben.

Zu den Aufgaben des Verwalters zählt auch die Bereitstellung der jeweils aktuellen Anlagedaten an den **Finanzdienstleister**:

► Kurs- und Bewegungsdaten,
► Bestandsmeldungen,
► Rückkaufwerte bei Versicherungsprodukten,
► Ermittlung der Zinszuflüsse bei Garantiezinsmodellen.

Diese Daten sind nicht nur für den Anleger interessant, sondern auch für einen Anlageausschuss im Unternehmen, der auf betrieblicher Ebene über die Anlagevarianten der Wertguthaben entscheidet (siehe Punkt »Anlagevarianten« im Kapitel »Rechtliche Grundlagen«).

Der Arbeitgeber beschränkt sich auf die Kommunikation zum Verwalter und die interne Abwicklung. Zu den in Richtung **Treuhänder** fließenden, vom Verwalter aufbereiteten und entsprechend verteilten Daten gehören:

- kumulierte Kauf- und Verkaufsaufträge,
- vorbereitete Orderaufträge,
- Mitteilung über erforderliche Mittel inklusive des Arbeitgeberbeitrags zur Sozialversicherung,
- Daten zur SV-Luft, Zuführungen zu Versicherungsverträgen etc.

Den Arbeitgeber erreichen dann umfangreiche Reportings zu:
- der Orderabrechnung,
- der Jahressteuermeldung,
- dem Depotauszug,
- den Ertragsabrechnungen und
- der Vertragsentwicklung.

BEISPIEL:

Ein Mitarbeiter möchte zehn Jahre nach der Eröffnung seines Zeitwertkontos ein Sabbatical beantragen. Er reicht der Personalverwaltung des Unternehmens seinen Antrag (schriftlich) ein. Nach den Richtlinien der Betriebsvereinbarung genehmigt die Abteilung die Freistellung und leitet die Information an den Kontenverwalter weiter. Ab hier übernimmt der Dienstleister das weitere Vorgehen: Er berechnet die benötigte Summe inklusive der anteiligen Arbeitgeber-Sozialversicherungsanteile und beantragt (kumuliert) den Verkauf beim Treuhänder; der fordert den Betrag beim Finanzdienstleister an und leitet ihn an das Unternehmen weiter. Der Angestellte bekommt während der Auszeit eine normale Gehaltsabrechnung seines Arbeitgebers. Zum Zeitpunkt des Reportings erhält der freigestellte Mitarbeiter wie üblich vom Administrator eine Mitteilung zum Kontostand. Am Ende übermittelt der Verwaltungsdienstleister dem Arbeitgeber die Abrechnungsdetails.

> **Praxis-Tipp:** Entkoppeln Sie die Verwaltung vom Produktgeber (Bank / Versicherer). Das macht Sie unabhängiger, falls Sie wegen schlechter Entwicklung Ihrer Wertanlage den Anbieter wechseln wollen.

Verwaltungssystem

VERWALTUNGSPLATTFORM

Die Vielzahl der zu verwaltenden Parameter macht eine spezialisierte und zuverlässige Verwaltungssoftware unverzichtbar. Ihre Praxistauglichkeit, Benutzerfreundlichkeit und Erweiterungsfähigkeit entscheidet letztlich über den nachhaltigen Erfolg der Zeitwertkonten. Dazu gehören auch Schnittstellen zur betrieblichen Finanz- und Personalsoftware sowie Onlinefunktionalitäten für die Kontoinhaber.

Die Software sollte neben den erwähnten rein mathematischen Leistungen auch eine unabhängige, produktneutrale Verwaltungsplattform für Fonds- und Versicherungsprodukte sowie Garantiezinsmodelle zur Verfügung stellen.

FUNKTIONALITÄTEN

Aktuelle Versionen brauchbarer Verwaltungssysteme können unter anderem folgende Funktionalitäten abbilden:

- ▶ Prozesssteuerung und -überwachung,
- ▶ Störfallabrechnung,
- ▶ Auswertungen und Reportings für Unternehmen und Mitarbeiter,
- ▶ Auswertungen und Reportings für Treuhänder,
- ▶ Schnittstelle für Personalabrechnungssysteme, wie zum Beispiel SAP-HR,
- ▶ Meldetool zur Generierung der Arbeitgebermeldung,
- ▶ Webportal.

Außerdem sollte die Plattform unterschiedliche Kontenarten eines Zeitwertkontos führen können. Dies ermöglicht dem Arbeitnehmer beispielsweise, steuerfreien Arbeitslohn dem Konto zuzuführen und entsprechend auszuweisen (siehe Punkt »Steuerstundung und Zuflussprinzip« im Kapitel »Rechtliche Grundlagen«). Gleiches gilt für die neu eingeführte Werterhaltungsgarantie, die sich auf den Wertguthabenbestand per 31. Dezember 2008 und Sparbeiträge nach dem 1. Januar 2009 bezieht (siehe Punkt »Insolvenzschutz« im Kapitel »Rechtliche Grundlagen«).

REPORTING

Unter Reporting versteht man Rechenschaftsberichte mit den wesentlichen Informationen aller im Namen des Auftraggebers veranlassten Transaktionen.

Die Informationspflicht des Verwalters besteht gegenüber

- ▶ dem Arbeitgeber (Sicherungsbestätigung, kumulierte Kontoauszüge für jeden Arbeitnehmer, Liquiditätsmeldung),
- ▶ dem Arbeitnehmer (Sicherungsbestätigung, Kontoauszug via Arbeitgeber) und

► dem Treuhänder oder Anbieter der Insolvenzsicherung (Orderabrechnungen, Daten zur Sozialversicherung, Aufstellung aller Erträge, Steuerbescheinigung).

Die Berichte erfolgen schriftlich und umfassen meist den Zeitraum eines Jahres und werden in der Regel in elektronischer Form zur Verfügung gestellt.

Die besondere Herausforderung

Die Kenntnis der rechtlichen Grundlagen ist natürlich eine wichtige Voraussetzung. Gute Dienstleister zeichnen sich jedoch vor allem durch ihren Erfahrungsfundus mit betriebs- und branchenindividuellen Vorgaben aus. Sie müssen ein krisensicheres, flexibles, zuverlässiges und von allen akzeptiertes Modell verwalten. Die Diskrepanz aus mangelnden Erfahrungswerten und extremer Langfristigkeit stellt die besondere Herausforderung dar.

Zusammenfassung

Der Verwalter ist der Dreh- und Angelpunkt. Er empfängt große Mengen an Informationen, bereitet sie auf und verteilt sie zielgenau an die Adressaten.

Gleichzeitig archiviert der Verwalter diese Daten über einen langen Zeitraum und kann sie jahrelang zur Verfügung stellen. Die Transaktionen lassen sich als Historie leicht abrufen und als Nachweis bereitstellen. Gerade im Störfall kommt es auf die Berechnungsfunktionen an, mit denen der Verwalter in der Lage ist, entsprechende Abrechnungen zur Verfügung zu stellen. Allein diese Dienstleistung entscheidet mit über die Akzeptanz von Zeitwertkonten und damit über das langfristige Gelingen.

Die Arbeitsgemeinschaft für Zeitwertkonten (AGZWK) plant eine Initiative, diese wichtigen Dienstleister gemeinsam mit den Sozialversicherungsträgern zu zertifizieren. Sobald diese Initiative startet, sollten Sie bei der Wahl des Verwalters auf ein entsprechendes Zertifikat achten.

Die Ansprüche der Arbeitgeber und Arbeitnehmer sind sehr vielseitig (siehe Kapitel »Fallbeispiele, Erfolgsgeschichten«). Um diesen Wünschen gerecht zu werden, muss die Plattform ein Höchstmaß an Flexibilität aufweisen. Beispielsweise darf die Anzahl der Konten für keinen Mitarbeiter beschränkt sein, um Arbeitgeberzuschüsse, die Sozialversicherungsanteile des Arbeitgebers und die verschiedenen Ansparziele der Arbeitnehmer strikt voneinander getrennt ausweisen zu können.

Die hochgradig automatisierte Verarbeitung der Daten reduziert Fehler auf ein Minimum. Bedenken Sie, dass es bei Zeitwertkonten um sehr große Summen gehen kann!

Teil 2
Praktische Nutzung von Zeitwertkonten

Vor- und Nachteile

Zeitwertkonten sind kein politisches, sondern ein tarifliches Instrument. Bedenkt man den möglichen Interessenkonflikt, zeigt sich bei diesem Modell eine erstaunlich große Schnittmenge. Trotzdem haben Zeitwertkonten neben den genannten Vorteilen auch Nachteile (für beide Tarifpartner), die es bei Zielvereinbarungen zu bedenken gilt und die dieses Buch nicht verschweigen möchte:

Problem »Verzicht«

PROBLEMSTELLUNG
Der Arbeitnehmer bespart sein Konto durch den Verzicht auf:
- Teile des Lohns / Gehalts,
- Freizeit,
- Urlaub,
- Sonderzulagen.

Auch wenn das Konto im Normalfall wertsteigernd angelegt, mindestens aber bestandsgesichert ist, muss sich der Arbeitnehmer den konkreten Verzicht leisten können. Es wäre ein schlechter Tausch, wenn er den verlockenden Vorruhestand mit körperlichem oder finanziellem Ausbrennen während der Arbeits- und Ansparphase erkaufen müsste. Gerade für physisch stark geforderte Arbeiter ist die Diskrepanz zwischen hohem Vorruhestandsbedarf und geringen Ansparmöglichkeiten am größten. Diese Berufsgruppe kann meist weder auf Lohn noch auf ihre Regenerationszeit verzichten. Die Beschäftigten müssten rechnerisch fünf Jahre lang die maximal zulässige Wochenstundenzahl arbeiten, um ein Jahr auf dem Zeitkonto anzusparen. Auch dem Arbeitgeber ist nicht geholfen, wenn seine Belegschaft zwar im Schnitt jünger, aber auch verbrauchter ist.

MÖGLICHE LÖSUNG
Arbeitgeber körperlich stark beanspruchter Arbeitnehmer haben durch Zeitwertkonten den großen Vorteil, die Belegschaft jung, einsatzstark und motiviert zu halten. Der geringere Krankenstand und die erhöhte Produktivität schaffen Mehrwerte, die (zu einem Teil) in einen wirksamen Aufstockungsbetrag der Konten investiert werden können.

Wir stellen drei Beispiele des Vorruhestands exemplarisch in zwei Varianten vor:

In der nebenstehenden Grafik gehen wir von einem Arbeitnehmer aus, der zwei Überstunden pro Woche (oder den entsprechenden Geldwert) auf sein Zeitwertkonto überträgt. Je nach Einstiegszeitpunkt in das Modell ergeben sich unterschiedlich lange Freistellungszeiten. Die drei Balken zeigen unsere drei Beispiele; die Zahlen stehen für die mögliche Freistellungszeit in Monaten am Ende des Arbeitslebens.

▶ **Die schwarze Variante** bezieht sich auf eine Freistellung von 100 Prozent bei 100 Prozent der letzten Bezüge.

▶ **Die hellblaue Variante** bezieht sich auf eine Freistellung von 100 Prozent bei 70 Prozent der letzten Bezüge.

▶ **Die dunkelblaue Variante** zeigt Zeitwertkonto plus Altersteilzeit als Blockmodell (siehe Kapitel »Abgrenzung von anderen Arbeitnehmerkonten«): Der Mitarbeiter leistet wäh-

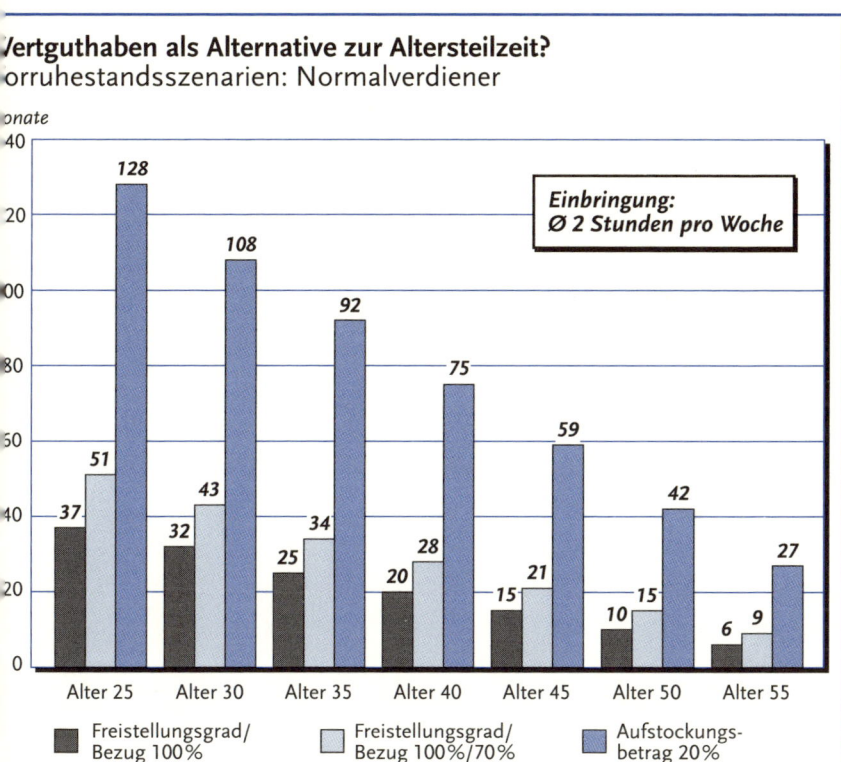

Vertguthaben als Alternative zur Altersteilzeit?
Vorruhestandsszenarien: Normalverdiener

Monate

Einbringung:
Ø 2 Stunden pro Woche

Alter 25 | Alter 30 | Alter 35 | Alter 40 | Alter 45 | Alter 50 | Alter 55

■ Freistellungsgrad/ Bezug 100%
□ Freistellungsgrad/ Bezug 100%/70%
■ Aufstockungsbetrag 20%

Gehaltstrend: 2,0 % p. a., unterstellte Rendite: 4,5 % p. a.

rend der ersten Hälfte der Altersteilzeit 100 Prozent bei 50 Prozent der Arbeitgeberbezüge, die er aus dem Zeitwertkonto um 20 Prozent aufstockt. Während der zweiten ist er zu 100 Prozent freigestellt und erhält weiterhin 70 Prozent der Bezüge (50 Prozent vom Arbeitgeber, 20 Prozent aus dem Zeitwertkonto).

Die zweite Grafik funktioniert nach den gleichen Vorgaben. Einziger Unterschied: Der Arbeitgeber bringt als Anreiz für den Vorruhestand pro Mitarbeiter und Jahr zusätzlich einen Betrag von 1000 € in das Konto ein.

Beispiel:
Ein 30-jähriger Arbeitnehmer nimmt ab dem 1. Januar 2009 am Zeitwertkontenmodell des Unternehmens teil. Er verdient 3000 € brutto pro Monat. Die Parteien haben im Arbeitsvertrag 38 Wochenstunden als Regelarbeitszeit vereinbart. Der Mitarbeiter bringt zwei Überstunden pro Woche in sein Wertkonto ein. Der Arbeitgeber zahlt zusätzlich einen Zuschuss von jährlich 1000 € ein. Mit einem Gehaltstrend von 2 Prozent und einer Verzinsung des Wertguthabens von 4,5 Prozent kann der Beschäftigte sich eine Freistellung von der Arbeitsleistung bei vollem Gehalt von 44 Monaten bis zum Erreichen des gesetzlichen Renteneintrittsalters finanzieren. Wenn er sich in der Freistellungsphase nur 70 Prozent seines letzten Bruttoentgelts auszahlen lässt, errechnet sich sogar eine Freistellungsphase von 60 Monaten. Nimmt der Arbeitnehmer dagegen mit seinem 40. Lebensjahr erstmalig an dem Zeitwertkontenmodell teil, erhält er nur einen Freistellungszeitraum von maximal 30 bzw. 40 Monaten. Hat der Mitarbeiter bereits das 55. Lebensjahr bei der ersten Einzahlung in das Wertkonto erreicht, ergeben sich nur 9 bzw. 13 Monate als maximale Freistellungszeiten.

Ohne den Arbeitgeberzuschuss kann sich der 30-jährige Arbeitnehmer bei 100 Prozent seines letzten Bruttoarbeitslohns zwar immer noch eine Freistellung von 32 bzw. 43 Monaten bei 70 Prozent des letzten Bruttoentgelts finanzieren.

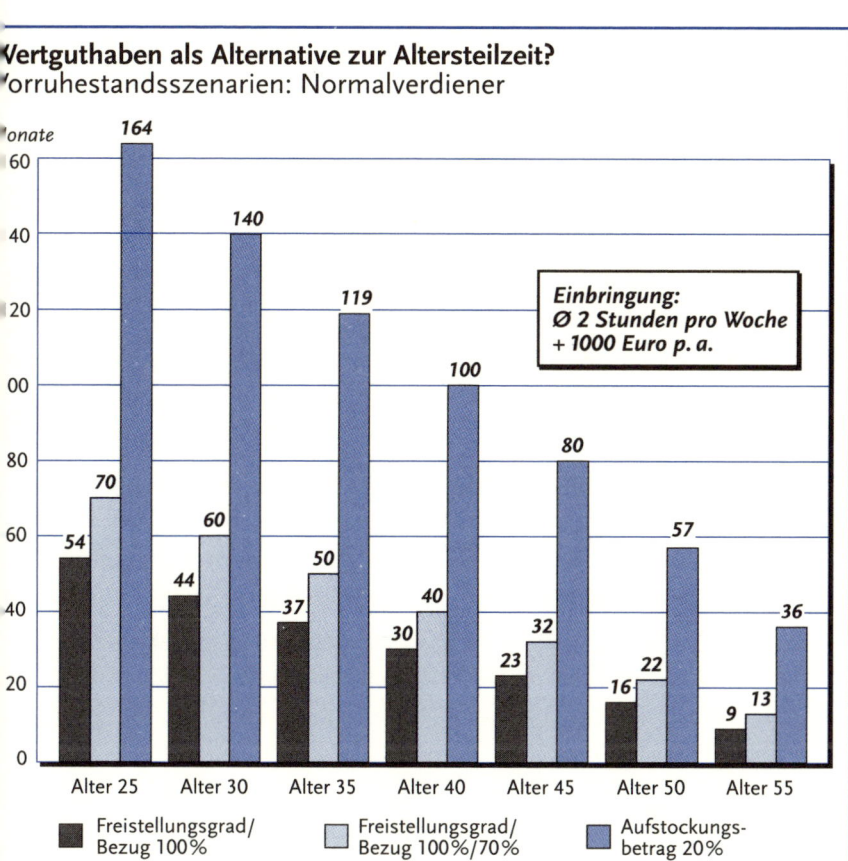

Wertguthaben als Alternative zur Altersteilzeit?
Vorruhestandsszenarien: Normalverdiener

Monate

| Alter 25 | Alter 30 | Alter 35 | Alter 40 | Alter 45 | Alter 50 | Alter 55 |

Einbringung:
Ø 2 Stunden pro Woche
+ 1000 Euro p. a.

- ■ Freistellungsgrad/ Bezug 100%
- ☐ Freistellungsgrad/ Bezug 100%/70%
- ■ Aufstockungsbetrag 20%

Gehaltstrend: 2,0 % p.a., unterstellte Rendite: 4,5 % p.a.

Der 40-jährige Mitarbeiter kann sich ohne den Arbeitgeberzuschuss aber lediglich eine Freistellungsphase von 18 bzw. 26 Monaten leisten. Der 55-Jährige kommt nur noch auf 6 bzw. 9 Monate.

Beim Altersteilzeitmodell nimmt der Mitarbeiter sein Guthaben für eine Freistellung nach dem Blockmodell: Während der einen Hälfte arbeitet er voll, während der zweiten gar nicht mehr. Während der gesamten Phase erhält er 50 Prozent seines Entgelts, die er um weitere 20 Prozent aus dem Vermögen seines Zeitwertkontos aufstockt. Eröffnet er mit 30 Jahren sein Konto, reicht das Guthaben für eine Altersteilzeit von 108 Monaten ohne bzw. 140 Monaten mit Arbeitgeberzuschuss.

Je nachdem, wie wichtig besonders junge Mitarbeiter in Teilbereichen des Betriebs sind, kann der Arbeitgeber mit einem Zuschuss das Modell gezielt fördern und Zeitwertkonten als strategisches Instrument einsetzen. Trotz höherer Kosten punkten Betriebe mit einem Arbeitgeberzuschuss durch attraktive Arbeitsplätze und eine produktive Belegschaft.

Viele Unternehmen, die bereits Zeitwertkonten eingeführt haben, konnten durch eine – teilweise auch befristete – Arbeitgeberbeteiligung zudem die Teilnahmequote signifikant steigern.

Problem »Langfristplanung«

PROBLEMSTELLUNG
Die langfristigen Planungshorizonte können ebenfalls zum Problem werden. Das Modell funktioniert optimal, wenn Betrieb und Mitarbeiter 30 oder mehr Jahre zusammenarbeiten. »Silberne« Betriebsjubiläen nach 25-jähriger Zusammenarbeit rufen heute Staunen hervor, Mitarbeiter mit Zugehörigkeiten von mehr als zehn Jahren gelten auf dem Arbeitsmarkt teilweise bereits als unflexibel. Auf Unternehmensseite stehen hohe Insolvenzraten und tiefgreifende Umstrukturierungen einer verlässlichen Zielführung entgegen. Der recht große

Spielraum für betriebliche Regelungen und die branchenindividuellen Vorgaben schränken die Portabilität ein.

MÖGLICHE LÖSUNG
Die grundsätzliche Portabilität mindert das Problem etwas. Je größer die Anzahl der Langzeitkonten anbietenden Betriebe wird, desto größer wird auch die Chance, Guthaben beim Arbeitgeberwechsel »schadlos« zu überführen. Zur Not lassen sich die Werte auf die DRV Bund treuhänderisch bis zur endgültigen Auflösung übertragen.

Die langfristige Planung hat den entscheidenden Vorteil, dass junge Arbeitnehmer mit zum Teil geringen Beiträgen im Alter erhebliche Freistellungszeiten finanzieren.

Problem »Generationenwechsel«

PROBLEMSTELLUNG
Einer der großen Vorteile der Zeitwertkonten liegt in der Möglichkeit, ohne soziale Härten die Belegschaft zu verjüngen, Platz für innovativen und motivierten Nachwuchs zu schaffen und den Krankenstand niedrig zu halten. Für Unternehmen mit einem hohen Bedarf an Spezialisten kann das Zeitwertkonto zur Falle werden, wenn ein Teil der erfahrensten Mitarbeiter das Unternehmen vorzeitig verlässt.

MÖGLICHE LÖSUNG
Das Problem relativiert sich, wenn man bedenkt, dass aus einem Konto nicht mehr genommen werden kann, als ihm zugeführt wurde. Lediglich die Wertsteigerung durch die Kapitalverzinsung steigert (tendenziell) den Wert und damit die

Freistellungszeit. Es bleibt jedoch problematisch, eher unerfahrene Arbeitskraft intensiv zu nutzen und mit den älteren ein hohes Maß an Routine und Kompetenz frühzeitig in den Ruhestand zu verabschieden. Betriebe, die den Fundus älterer hochqualifizierter Mitarbeiter dringend benötigen, sollten rechtzeitig den Wissenstransfer organisieren, um das Problem wenigstens zu lindern. Betriebe mit hochqualifizierten Mitarbeitern sollten dann die Altersteilzeit einer Frühverrentung vorziehen, um Kompetenzen möglichst lange im Unternehmen zu halten. Das steigende Ausbildungsniveau der Berufseinsteiger gleicht ebenfalls einen Anteil des »Erfahrungsabflusses« wieder aus.

Ein ganz anderes demografisches Problem verbirgt sich hinter dem Nachwuchsmangel in einigen Fachbereichen. Der sogenannte »War for Talents« stellt die Verjüngungswünsche des Betriebs auf den Kopf. Wo auch professionelle »Headhunter« nicht genug Nachwuchs rekrutieren können, müssen Unternehmen die Überlegung anstellen, wie sie die vorhandenen Mitarbeiter möglichst lange im Wertschöpfungsprozess einsetzen können. An dieser Stelle kommen andere Vorteile der Zeitwertkonten voll zum Tragen. Durch die Zeitsouveränität des Mitarbeiters wird der Arbeitsplatz attraktiv; zum anderen lassen sich Freistellungsphasen für die Weiterqualifizierung nutzen und steigern mit fortschreitendem Alter zudem die Regenerationsmöglichkeiten.

Weitere ausführliche Informationen zu den Möglichkeiten einer Demografieanalyse finden Sie im Kapitel »Einführungsprozess«.

> **Praxis-Tipp:** Zu Beginn der Planungsphase bei der Einführung von Zeitwertkonten sollten Sie die Demografiestruktur Ihres Unternehmens analysieren. Wenn Sie deren Ergebnisse bei der Ausgestaltung des Modells berücksichtigen, lassen sich die Konten als strategisches personalpolitisches Instrument einsetzen (mehr dazu im Kapitel »Einführungsprozess«).

Problem »Beitragsbemessungsgrenze«

PROBLEMSTELLUNG

Wie im Kapitel »Rechtliche Grundlagen« unter dem Punkt »Steuerstundung und Zuflussprinzip« beschrieben, fließen in das Zeitwertkonto sowohl die Bruttoverdienste des Arbeitnehmers als auch die Arbeitgeberanteile zur Sozialversicherung. Ein Teil der Attraktivität von Zeitwertkonten resultiert aus dem Vorteil des Bruttosparens (siehe Kapitel »Rechtliche Grundlagen«).

Dabei entscheidet weder die Entgelthöhe während der Sparphase noch die Höhe des Guthabens über die fälligen Sozialversicherungsbeiträge. Sie richtet sich allein nach der aus dem Konto stammenden monatlichen Bezugshöhe während der Freistellungsphase. Die Auswirkungen betreffen einmal den Arbeitgeber, einmal den Arbeitnehmer:

NACHTEIL FÜR DEN ARBEITNEHMER:

Liegt das Monatsentgelt eines Mitarbeiters oberhalb der Beitragsbemessungsgrenze, sind die darüber liegenden Verdienst-

anteile sozialversicherungsfrei. Die Summe auf dem Zeitwertkonto besteht streng genommen aus einer Mischung aus
Brutto und Netto. Während der Freistellungsphase ist es nicht
unüblich, die Bezugshöhe deutlich (bis maximal 70 Prozent) unterhalb des vertraglichen Vollzeitentgelts zu senken.
Unterschreitet jetzt der Betrag die Beitragsbemessungsgrenze,
muss der Mitarbeiter Sozialversicherungsabgaben auf das gesamte Einkommen bezahlen. Der Nachteil summiert sich auf
den Sozialversicherungsanteil des gesamten, oberhalb der
Beitragsbemessungsgrenze liegenden Entgelts. Das heißt, sein
ehemals beitragsfreies Arbeitsentgelt wird später beitrags-
pflichtig. Hinzu kommt das Risiko steigender Abgaben: Zahlt
ein Arbeitnehmer im Jahr 2006 Entgelte sozialabgabenfrei in
sein Zeitwertkonto, spart er zum Beispiel seinen Beitragsanteil
zur gesetzlichen Rentenversicherung von 9,75 Prozent. Da
die Entwicklung des Beitragssatzes der gesetzlichen Rentenversicherung nicht abzusehen ist, könnte dieser Anteil zum
Zeitpunkt der Freistellungsphase schon bei 10,25 Prozent liegen.

Bei einem Störfall (auch Kündigung mit anschließender
Auszahlung) zahlt der Mitarbeiter in diesem Fall für seine Anteile oberhalb der Beitragsbemessungsgrenze keine Sozialabgaben (siehe Punkt »Störfall« im Kapitel »Rechtliche Grundlagen«).

Nachteil für den Arbeitgeber:

Für die Verdienstanteile oberhalb der Beitragsbemessungsgrenze müssen weder Arbeitgeber noch Arbeitnehmer Sozialversicherungsanteile abführen. Trotzdem ist der Arbeitgeber
verpflichtet, auch Sozialversicherungsanteile oberhalb der Bei-

tragsbemessungsgrenze gegen Insolvenz zu sichern und somit in das Zeitwertkonto einzustellen. Obwohl nur eine zeitlich befristete Sicherungseinlage, bedeuten die Zahlungen für das Unternehmen einen Liquiditätsaufwand.

Verlässt der Mitarbeiter das Unternehmen, überträgt der Arbeitgeber das Guthaben inklusive der zusätzlich aufgewendeten SV-Beiträge auf den neuen Arbeitgeber oder die DRVB. Der ehemalige Arbeitgeber muss nun die Sozialversicherungsabgabe für Gehaltsanteile oberhalb der Beitragsbemessungsgrenze, die er als Insolvenzschutz dem Konto überweisen musste, abschreiben; dies ist eine wichtige Voraussetzung für den neuen Arbeitgeber oder die DRVB, das Zeitwertkonto zu übernehmen: Geht nämlich der Arbeitnehmer beim neuen Arbeitgeber oder bei der DRVB in die Freistellung, wäre das Unternehmen oder die DRVB wohl kaum bereit, die Sozialversicherungsbeiträge aufzuwenden, die beim früheren Arbeitgeber entstanden sind.

Kommt es stattdessen zu einer Auszahlung des Wertguthabens, werden nur die Wertguthabenbestandteile verbeitragt, die mit Entgeltbestandteilen unterhalb der Beitragsbemessungsgrenze gebildet wurden. Der Arbeitgeber erhält in diesem Fall seine Arbeitgeber-SV-Anteile zurück (siehe Kapitel Störfall).

Mögliche Lösung

Der Arbeitnehmer bezahlt während der Freistellung streng genommen nicht mehr Sozialabgaben als zuvor. Zwar bekommt er als Entgelt möglicherweise Wertguthaben, die er aus sozialversicherungsfreien Einkommensteilen angespart hat; dafür unterbricht er seine Sozialabgaben trotz der Freistellung nicht.

Seine gesetzliche Rente erhöht sich weiter, seine Krankenversicherung bleibt erhalten. Hinzu kommen die Vorteile des Bruttosparens (einschließlich der umgangenen Abgeltungssteuer) und die Zeitsouveränität, sich Freizeit »kaufen« zu können.

Der betroffene Arbeitnehmer kann zusätzliche Sozialversicherungszahlungen nur umgehen, indem er vor der Rente einen Störfall verursacht und die in der Datenhistorie gespeicherte Summe der SV-Luft voll geltend macht.

Für den Arbeitgeber ist das Verlustrisiko der Sicherungseinlage ein Nachteil von Zeitwertkonten, der zurzeit nicht zu umgehen ist.

Problem »Entsparung des Guthabens«

PROBLEMSTELLUNG

Unter bestimmten Umständen kann es passieren, dass der Wert des Kontos zurückgeht. Das ist dann der Fall, wenn der Arbeitnehmer die Gebühren zu tragen hat, bisher nur wenig gespart hat und dem Konto keine neuen Sparbeträge zuführt. Liegen die Zinserträge nun unter der Gebührenhöhe, schrumpft das Guthaben unweigerlich.

MÖGLICHE LÖSUNG

Entweder trägt der Arbeitgeber die Gebühren, oder der Verwalter verzichtet bei Kleinguthaben bis zu einer bestimmten Höhe auf deren Zahlung.

Dieser Fall ist theoretisch möglich, allerdings wird durch das aktuelle BMF-Schreiben zur steuerlichen Anerkennung von Wertguthaben der Arbeitgeber in die Pflicht genommen, das Wertguthaben entsprechend auszugleichen.

Problem »Detailvereinbarungen«

Der rechtliche Hintergrund des Sozialgesetzbuchs lässt betriebsinternen Rahmenvereinbarungen recht großen Spielraum. Dieser Spielraum ist Freiheit und Pflicht zugleich: Um während der langen Laufzeiten der Zeitwertkonten Streit zu vermeiden, sollten die Tarifpartner auf jeden Fall offene Punkte detailliert vertraglich festlegen.

Neben den Regeln zur Einbringung und Nutzung der Guthaben gehört dazu etwa die Frage, wie Urlaub, Krankheit oder Sonderzahlungen während der Freistellungsphase zu bewerten sind.

Details dazu erfahren Sie im Kapitel »Einführungsprozess«.

Zusammenfassung

Wo es Gesetze gibt, klaffen Lücken; wo zwei Parteien verhandeln, entstehen Kompromisse. Was für die einen überreguliert ist, lässt für die anderen zu viel Spielraum.

Klar ist, dass Zeitwertkonten wie alle Betriebsvereinbarungen Vor- und Nachteile haben. Diese zu übergehen wäre ebenso fahrlässig wie deren Überbewertung.

Das »Flexi II« lässt bei aller Detailregelung genug Möglichkeiten offen, um Probleme zu analysieren, auf die Betriebsgröße und -anforderung herunterzubrechen und entsprechende Lösungen zu formulieren. Im Praxisteil dieses Buchs gehen wir deshalb gründlich auf Ansprüche und Probleme der Zeitwertkonten ein.

Einführungsprozess

Ein Zeitwertkonto ist ein langfristiges Modell, das für den Arbeitgeber ein hohes strategisches Lenkungspotenzial beinhaltet und für den Arbeitnehmer eine langfristige Geldanlage darstellt, deren Freistellungsnutzen Teil seiner Lebensplanung wird.

Während des Einführungsprozesses werden alle wichtigen Weichen für die Zukunft gestellt. Die Langfristigkeit erfordert eine sorgfältige Information beider Verhandlungspartner bei der Planung und Realisation, um gesetzliche, betriebliche und strategische Vorgaben zu harmonisieren und damit zeit- und kostenintensiven Ärger zu vermeiden. Dazu gehört auch, Anpassungsmöglichkeiten nicht auszuschließen.

Situationsanalyse	Modellgestaltung	Vertragliche Gestaltung	Umsetzung
■ Analyse rechtlicher Rahmenbedingungen	■ Modellentwurf	■ Entwurf Betriebsvereinbarung	■ IT-Implementierung
■ Zielgruppensegmentierung	■ Kapitalanlagekonzept	■ Verwaltervertrag	■ Mitarbeiteraufklärung
■ Zieldefinition	■ Insolvenzsicherungskonzept	■ Insolvenzsicherung	■ Seminare für Personalabteilung
■ Kostenkalkulation	■ Erstellung von Ausschreibungsunterlagen	■ Formulare	■ Mitarbeiter-Hotline
■ Kalkulation steuerlicher Effekte			

Analysephase

Die erste Realisationsphase liefert die nötigen Daten als Entscheidungsgrundlage für das weitere Vorgehen. Die gewünschten Ziele des Arbeitgebers und der Arbeitnehmer werden aufgenommen und analysiert und im Hinblick auf Zielkonflikte untersucht.

DEMOGRAFIEANALYSE

In den vorausgegangenen Kapiteln sind wir auf rechtliche Vorgaben, aber auch auf die Handlungsspielräume bei der Einführung von Zeitwertkonten eingegangen. Diese Handlungsspielräume sind die Regler für die Ausrichtung des Modells. Dabei geht es um mehr als eine Vertragsaushandlung. Zeitwertkonten sind auch ein personalstrategisches Instrument, das Arbeitnehmern und Arbeitgebern gleichermaßen Vorteile bietet.

Um die Richtung zu bestimmen, steht am Beginn jedes Einführungsprozesses eine unternehmensinterne Demografieanalyse.

Neben der Ermittlung der Altersstruktur des gesamten Unternehmens sollte die Analyse verschiedene Bereiche betrachten, wie zum Beispiel:

► Abteilungen und Bereiche,
► Standorte,
► Produktionszweige.

Durch die Hinzunahme weiterer Parameter wird die Analyse deutlich aussagefähiger im Hinblick auf

► die alters- und gesundheitsgerechte Gestaltung der Arbeitsprozesse,

- den Qualifikationsstand der Mitarbeiter,
- den Krankenstand in Abhängigkeit vom Alter.

Zur Datenerhebung gehört die Berücksichtigung der vom Unternehmen angestrebten Mitarbeiterzahl innerhalb der kommenden 20 Jahre. In einer Matrix können Sie neben dem prognostizierten Durchschnittsalter den Personalbedarf bzw. -überhang während der kommenden 20 Jahre ermitteln.

Beschäftigungsentwicklung									
Altersklasse	Beschäftigte nach Altersklassen					jährliche Änderungen			
	2009	2014	2019	2024	2029	2009 bis 2013	2014 bis 2018	2019 bis 2023	202 bis 202
15–19	90	1	6	3	4	0,5	2,5	1,0	1,5
20–24	190	94	10	13	14	1,0	1,0	1,5	3,0
25–29	260	195	98	19	25	1,0	0,8	2,0	2,0
30–34	300	265	202	107	24	0,8	1,8	1,5	0,2
35–39	290	305	274	213	115	1,0	2,0	3,0	3,0
40–44	310	295	311	284	220	1,0	0,5	1,0	0,0
45–49	330	313	297	311	284	0,0	0,2	–1,0	0,0
50–54	260	328	310	291	310	–1,0	–1,3	–1,5	–0,4
55–59	190	258	322	304	287	0,0	–1,0	–1,0	–1,0
60–64	120	193	250	314	295	1,0	–2,0	–2,0	–2,5
prognostizierte Mitarbeiterzahl	2340	2244	2079	1857	1578	5,3	4,5	4,5	5,8
angestrebte Mitarbeiterzahl	2340	2459	2585	2717	2855				
Personalbedarf (>0) bzw. -überhang (<0)	0	215	506	860	1278				
prognostiziertes Durchschnittsalter	40,4	44,1	46,9	49,3	50,8				

Trotz vieler Unsicherheiten bei der Projektion zeigt bereits die Auswertung der Datenerhebung eine Vielzahl wichtiger Einblicke ins Unternehmen und ermöglicht einen Vergleich mit dem Branchendurchschnitt.

Folgende Fragen kann die Demografieanalyse beantworten:

▶ In welchen Abteilungen, Bereichen, Standorten ist das Durchschnittsalter der Mitarbeiter relativ hoch / relativ niedrig?

▶ Hat das Unternehmen im Branchenvergleich eine gesunde Altersstruktur?

▶ Wie entwickelt sich die Altersstruktur einzelner Bereiche, Abteilungen, Standorte innerhalb der nächsten 20 Jahre?

▶ In welchen Bereichen, Abteilungen, Standorten benötige ich besonders junge, innovative und gesunde, in welchen eher langjährig erfahrene und gut ausgebildete Mitarbeiter?

▶ In welchen Bereichen, Abteilungen, Standorten bekomme ich in den nächsten Jahren Nachwuchsprobleme?

▶ Sind Freistellungen eher am Ende oder innerhalb der Lebensarbeitszeit gewünscht?

Mit Hilfe der Zeitwertkonten hat die Unternehmensführung nun ein wirksames Instrument für ein strategisches Personalmanagement in der Hand. Durch ausdifferenzierte, abteilungs- oder bereichsindividuelle Zielvereinbarungen können die Verhandlungspartner Zeitwertkonten auch in völlig unterschiedlich strukturierten Bereichen wirksam implementieren.

Zeigt die Analyse beispielsweise einen allmählich steigenden Arbeitskräfteüberhang in den nächsten zwei Jahrzehnten, könnte eine Regelung eine stufenweise Anhebung der Zeitrücklagen im Alter festlegen.

In körperlich stark belastenden Bereichen mit drohender Überalterung und einem leichten Arbeitskräftemangel kann das Unternehmen mit einem durch Arbeitgeberzuschüsse besonders attraktiven Modell junge Menschen anlocken, hohe Rücklagen für das Alter gewährleisten und über die vorwiegende Nutzung für die Altersteilzeit das mittlere Alter wirksam senken.

Die erste Abbildung zeigt das Ergebnis der Analyse für das gesamte Unternehmen. Bei entsprechender Datengrundlage löst die Grafik auch Teilbereiche auf. Die dunkle Kurve zeigt sehr deutlich, dass ab 2029 der Anteil der Mitarbeiter mit 50 Jahren und älter sehr hoch ist. Möchte das Unternehmen dieser

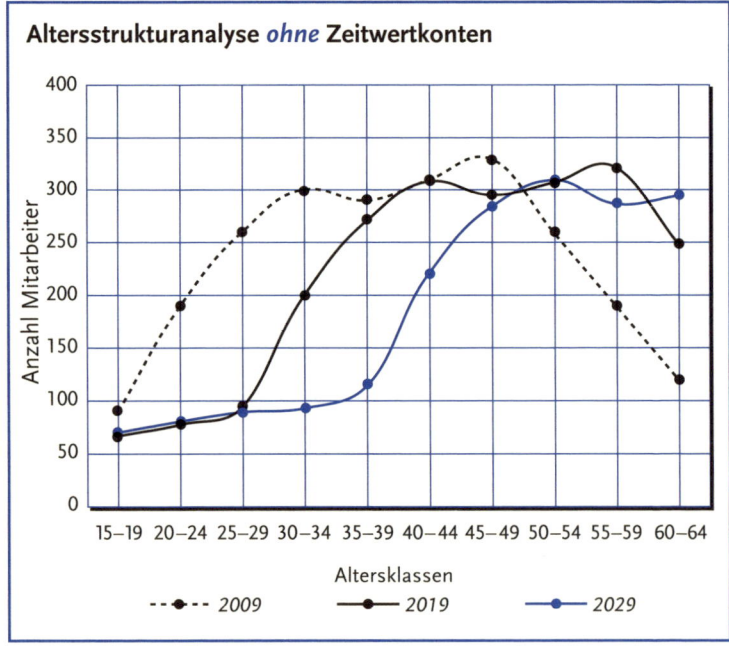

Entwicklung gegensteuern, sollte es Zeitwertkonten einführen, deren Guthaben für eine Vorruhestandsregelung vorgesehen sind.

Die zweite Abbildung zeigt die Wirkung dieser Zeitwertkonten. Im Jahr 2029 sind kaum noch Mitarbeiter im Unternehmen, die älter als 60 Jahre sind.

In den nächsten Schritten sind nun die Maßnahmen abzustimmen, damit diese Effekte auch so eintreten.

Für ein Unternehmen mit einem großen Bedarf an hochqualifizierten Mitarbeitern wird die Suche nach geeignetem Personal unter Umständen existenziell. Dabei ist die Überalterung nur ein Teilaspekt des Problems. Der mangelnde Nachwuchs verschärft sich in ähnlicher Weise und löst einen

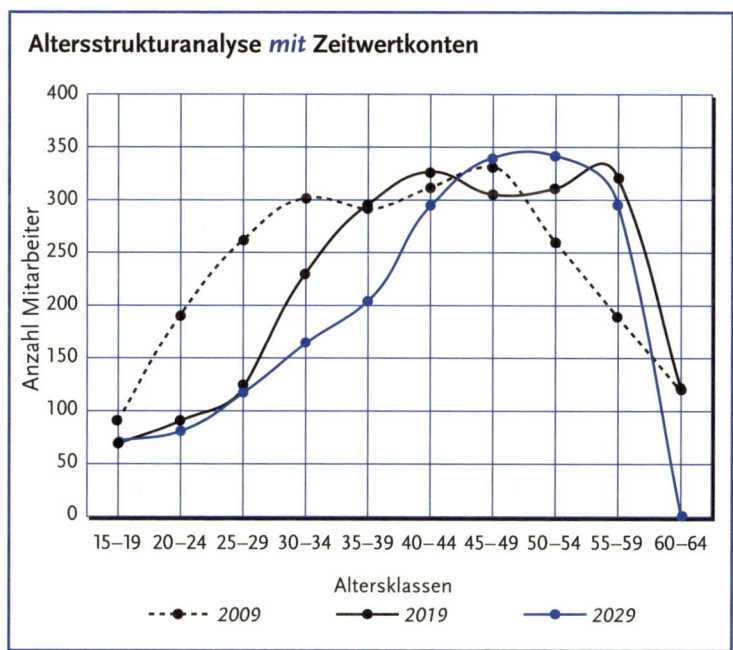

»War for Talents« aus, der nur mit kreativen Lösungsansätzen zu gewinnen ist. Zeitwertkonten bekämpfen den Konflikt von beiden Seiten: Sie ermöglichen den gleitenden Übergang in den Ruhestand. Während der erfahrene Mitarbeiter bereits teilweise neuen Platz schafft, sorgt er gleichzeitig für den Wissenstransfer.

Weitere Informationen erhalten Sie unter dem Punkt »Problem ›Generationenwechsel‹« im Kapitel »Vor- und Nachteile«.

ZIELGRUPPENANALYSE

Die Ergebnisse der Demografieanalyse dienen unter anderem dazu, mit der Einführung der Zeitwertkonten ein personalstrategisches Steuerungsinstrument zu entwickeln: Sowohl die Arbeitgeber- als auch die Arbeitnehmerseite muss sich fragen, für welche Mitarbeiter(gruppen) Zeitwertkonten sinnvoll sind und inwieweit sich überhaupt eine selektive Einführung realisieren lässt.

Wichtige Fragen sind hierbei:

► Haben die niedrigsten Gehaltsgruppen des Unternehmens ohne Arbeitgeberzuschüsse einen finanziellen Spielraum für Zeitwertkonten?

► Wie schwer wiegen die betriebsindividuellen Vor- und Nachteile bei Zeitwertsparern oberhalb der Beitragsbemessungsgrenze (siehe Punkt »Problem ›Beitragsbemessungsgrenze‹« im Kapitel »Vor- und Nachteile«)?

► Welche Abteilungen, Unternehmenssegmente oder Standorte sollten personalstrategisch besonders gesteuert werden?

► Gibt es im Unternehmen Mitarbeiterbereiche, die wegen hoher Fluktuation für Langzeitkonten nicht interessant sind?

▶ In welchen Bereichen sind die Unwägbarkeiten besonders hoch und erfordern neben den langfristig angelegten Zeitwertkonten kurzfristig nutzbare Gleitzeitkonten?

Die Demografie- und die Zielgruppenanalyse zusammen ergeben die nötige Ausdifferenzierung des Modells. Je ausdifferenzierter die Arbeitsplätze eines Unternehmens sind, desto vielfältigere Modellvarianten sollte die Zielvereinbarung zulassen. Im »War for Talents« nimmt das Zeitwertkonto eine wichtige Rolle ein, die Arbeitsbedingungen konkurrenzfähig zu machen. Umgekehrt ermöglicht es dem Unternehmer, in Bereichen mit einem Arbeitskräfteüberhang soziale Härten, Überalterung und Demotivation zu vermeiden.

ZIELDEFINITION

In diesem Analyseabschnitt sollten Arbeitgeber und Arbeitnehmer nicht nur gemeinsam die Ergebnisse der Demografie- und Zielgruppenanalyse bündeln, sondern auch an einer langfristig angelegten Unternehmensstrategie ausrichten.

▶ Was möchte das Unternehmen mit Zeitwertkonten erreichen?

▶ Welche Änderungen ergeben sich kurz-, mittel- und langfristig in der Altersstruktur, der Qualifikation und dem Wissenstransfer?

▶ Wie sollen sich Krankenstand, Motivation und Attraktivität des Arbeitsplatzes entwickeln?

▶ Welche Auswirkungen dürfen die Zeitwertkonten auf die Verwaltungsbelastung, die Liquidität und die Entgeltkosten haben?

Kostenanalyse

In der Praxis haben das individuell gewünschte Dienstleistungspaket sowie die Kapitalanlagekosten großen Einfluss auf die Kalkulation.

Neben der Betrachtung der Kosten interessieren den Finanzvorstand die bilanziellen bzw. steuerlichen Auswirkungen. Aktienfonds werden in der Unternehmenssphäre anders behandelt als zum Beispiel Rentenfonds. In jedem Fall sollten sich Unternehmen mit den bilanziellen Auswirkungen eines Zeitwertkontos detailliert auseinandersetzen.

Die Kosten teilen sich auf in *einmalige Kosten* für:

- ► Beratung,
- ► Analyse der Vorgaben,
- ► Modellerstellung,
- ► Einrichtung (Ausschreibungsphase, Schulung, Schnittstellenimplementierung, Marketing) und

permanente Kosten für:

- ► Administration (Buchungen, Kontoauszüge, Rechenschaftsberichte, Insolvenzsicherungsnachweise, Insolvenzsicherung, Stammdatenadministration),
- ► Kapitalanlagekosten,
- ► Arbeitgeberzuschüsse,
- ► Arbeitgeber-SV-Anteil für Einzahlungen oberhalb der Beitragsbemessungsgrenze.

Auf der anderen Seite stehen Einsparpotenziale für den Arbeitgeber:

- ► Recruitingkosten,
- ► Einarbeitungszeiten,

- Krankheitskosten älterer Arbeitnehmer,
- Ausfallzeiten älterer Arbeitnehmer,
- Produktivitätsvorteile durch motivierte Mitarbeiter,
- Steuervorteile,
- Abfindungskosten.

Gestaltungsphase

Die sorgfältige Gestaltung der Zielvereinbarung entscheidet letztlich über die Akzeptanz des Modells auf beiden Seiten. Mögliche Konflikte zwischen Mitarbeiterinteressen und betrieblichen Erfordernissen legen es nahe, einen externen Dienstleister als Experten und Moderator hinzuzuziehen. Gute Berater sind juristisch geschult und verstehen es, die Vorgaben des Sozialgesetzbuchs für das Unternehmen auszulegen.

Modellgestaltung

Wie in den Kapiteln zur Analysephase beschrieben, muss ein gelungenes Modell alle Erfordernisse eines Unternehmens mit den Mitarbeiterinteressen zu vereinen und auf Unternehmensteile mit unterschiedlichen Vorgaben und Zielen herunterzubrechen in der Lage sein.

Sehen wir uns die Vorgaben der Analysephase und die des Sozialgesetzbuchs an, bleibt ein großer Gestaltungsspielraum, den die beteiligten Verhandlungspartner nutzen sollten, um eine betriebsindividuelle Vereinbarung zu treffen. Die »Stellschrauben« für die Gestaltung befinden sich an fünf Stellen:
1. Ansparvarianten (welche Werte darf der Arbeitnehmer auf das Konto übertragen?): laufendes Gehalt, Sonderzahlungen, Tantiemen, Überstunden, Resturlaub oder Ähnliches

2. Entnahmeoptionen (für welche Freistellungsmöglichkeiten darf der Mitarbeiter das Guthaben nutzen?): Elternzeit, Pflegezeit, Qualifizierungsmaßnahmen, Sabbatical, Teilzeit, Altersteilzeit, Vorruhestand, Begrenzung des Freistellungszwecks für einen Teil des Wertguthabens
3. Zugriffsoptionen (wer hat unter welchen Umständen Zugriff auf das Konto?): Kündigung durch Arbeitnehmer, Zugriff durch Arbeitgeber in wirtschaftlich schwierigen Zeiten
4. Kostenübernahme: Arbeitgeber, Arbeitnehmer oder beide
5. Sonstige Regelungen

1. Ansparvarianten

Dem Sparer steht eine Vielzahl von Wertquellen zur Verfügung: Mehrarbeit, Gleitzeitkontenüberhänge, Resturlaub, Boni/Tantiemen/Gewinnbeteiligungen/Provisionen, Schichtzulagen, feste Entgeltanteile, Arbeitgeberzuschüsse.

Die Partner können mit der Vereinbarung einzelne Quellen ausschließen, zur Pflicht erklären oder in der Ausschöpfung begrenzen. Beispielsweise könnte eine Regelung vorsehen, dass Guthaben von Gleitzeitkonten oberhalb einer Summe von 100 Stunden dem Zeitwertkonto zufließen müssen. Auch kann es sinnvoll sein, die Verwendung von Urlaubstagen (auch oberhalb des vom Gesetz vorgesehenen Mindesturlaubsanspruchs) zu begrenzen, um die Regeneration der Arbeitskräfte sicherzustellen.

2. Entnahmeoptionen

Die Varianten machen Zeitwertkonten erst zum viel beschworenen Work-Life-Balance-Modell. Seit dem »Flexi II« beschränken die gesetzlichen Vorgaben die Nutzung des Guthabens für eine bezahlte Freistellung vor der Regelaltersgrenze. Dazu kommen die gesetzlichen Ansprüche auf Eltern- und Pflegezeit.

Abseits dieser Regelungen bleibt viel Spielraum für eine betriebsstrategische Ausrichtung des Vertrags, der den Verhandlungspartnern zum Beispiel überlässt, ob sie die Guthaben überwiegend am Ende des Arbeitslebens oder auch währenddessen nutzen möchten.

In diesem Zusammenhang ist es wichtig zu erwähnen, dass eine Betriebsvereinbarung nicht nur die Nutzung etwa von Sabbaticals zulässt, sondern auch die nötigen Details genau regelt:

► Wie lange vorher muss das Sabbatical oder die Freistellung beantragt werden?
► Welche Einspruchsmöglichkeiten hat der Arbeitgeber?
► Muss der Arbeitgeber einen Alternativvorschlag unterbreiten?
► Soll die Dauer des Sabbaticals oder der Freistellung begrenzt werden können?

3. Zugriffsoptionen

Spätestens seit der großen Wirtschafts- und Finanzkrise äußern immer mehr Arbeitgeber den Wunsch, auf Zeitwertguthaben ihrer Mitarbeiter für die Freistellung im Krisenfall zugreifen zu können. Einerseits widerspricht diese Möglichkeit den Zielen von Lebensarbeitszeitkonten. Andererseits schließen die Gesetzesvorgaben die Nutzung der Zeitwerte zur Arbeitsplatzsicherung nicht aus.

In jedem Fall sind die Arbeitnehmer- und Arbeitgebervertreter angehalten, eine Regelung dazu explizit aufzunehmen. Sie sollte klarstellen, ob und in welchem Umfang der Arbeitgeber das Wertguthaben als Instrument gegen Konjunkturschwankungen nutzen darf. Damit vermeidet man, dass Mitarbeiter durch Kündigungsdrohungen von Seiten der Arbeitgeber zum Abbau ihrer Zeitwerte gegen ihren Willen genötigt werden.

4. Kostenübernahme

Ein wichtiger Verhandlungspunkt ist die Frage, wer die Kosten des Zeitwertkontos trägt. Das Gesetz regelt hier lediglich Aufwendungen für den Insolvenzschutz, die der Arbeitgeber tragen muss.

Generell erzielen Unternehmen durch Einführung von Zeitwertkonten erhebliche steuerliche und andere wirtschaftliche Vorteile. Das gilt vor allem, wenn die Modelle mit Fondsprodukten rückgedeckt werden. Eine für die meisten Fälle faire Lösung besteht in der Aufteilung der Kosten: Betriebs-, Einführungs-, und Verwaltungskosten sowie mögliche Sparzuschüsse übernimmt der Arbeitgeber, die Kosten für die Kapitalanlage trägt der Arbeitnehmer.

Hinweis: Sollte der Arbeitgeber die Kosten der Kapitalanlage dem Wertguthaben entnommen haben und der Werterhalt des Zeitwertkontos zum Zeitpunkt der geplanten Freistellung nicht gewährleistet sein, hat der Arbeitgeber die Differenz auszugleichen (siehe BMF-Schreiben im Anhang).

5. Sonstige Regelungen

Über diese vier vorangestellten Punkte hinaus lässt sich eine Vielzahl von Vereinbarungen treffen, die in Form einer Feinjustierung einen ausgewogenen Vertrag herzustellen in der

Lage sind. Die folgenden drei Beispiele zeigen auch, dass Regelungen beiden Seiten Sicherheit geben und Streit vermeiden helfen:

▶ Wie wird der Urlaub in der Freistellung vom Arbeitgeber bezahlt?

▶ Verlängern Krankheitsphasen die Freistellungszeit?

▶ Werden Sonderzahlungen auch in Phasen der Freistellung gewährt?

Beispiele für Ausrichtungsvarianten aufgrund unterschiedlicher Vorgaben:

Beispiel I:
Die Analyse offenbart einen Arbeitsbereich mit physisch stark geforderten Mitarbeitern. Das mittlere Alter der Mitarbeiter nimmt in den nächsten Jahren stark zu, der Krankenstand ist überdurchschnittlich hoch. Die relativ hohen Entgelte für ältere Mitarbeiter, ein Überhang an Arbeitskraft und der Krankenstand treiben die Personalkosten in die Höhe und verhindern die Einstellung junger Mitarbeiter. Motivation und Produktivität sinken.

Ziel: Der Arbeitsbereich soll langfristig verjüngt werden, die Mitarbeiterzahl soll sinken. Die Mitarbeiter sollen die Zeitwertkonten vornehmlich in Vorruhestand umwandeln.

»Stellschrauben« der Zielvereinbarung: Ein Arbeitgeberzuschuss erhöht die Nutzungsbreite der Zeitwertkonten. Im Gegenzug spart sich das Unternehmen eventuelle Abfindungen, Sozialpläne oder die Kosten eines Arbeitskampfs. Um trotz relativ niedriger Löhne wenigstens einige Jahre Vorruhestand ansparen zu können, sind zudem feste Entgeltbestandteile und Schichtzulagen/Sonderzahlungen als Einlage zugelassen. Überläufe aus dem Gleitzeitkonto müssen ebenfalls dem Langzeitkonto gutgeschrieben werden. Mitarbeiter bis zu einem Alter von 40 Jahren können auch Resturlaub einzahlen. Das Guthaben muss überwiegend für den vorgezogenen Ruhestand genutzt werden.

Beispiel II:
Die *Analyse* zeigt einen Arbeitsbereich mit extrem schwankender Auslastung. Das Durchschnittsalter der Mitarbeiter nimmt in den nächsten Jahren leicht zu, der Krankenstand mit zunehmendem Alter der Mitarbeiter ist durchschnittlich, die Qualifikation der Mitarbeiter hoch.

Ziel ist es, mit möglichst geringer Fluktuation das Wissen im Unternehmen zu halten und die Arbeitsschwankungen intern abzupuffern.

»Stellschrauben« der Zielvereinbarung: Die Situation macht es sinnvoll, Gleitzeitkonten und Zeitwertkonten parallel zu führen. Die Mitarbeiter können keine Überläufe des Gleitzeitkontos auf das Langzeitkonto übertragen. Neben festen Entgeltbestandteilen können die Sparer auf das Zeitwertkonto nur Sonderzahlungen und Schichtzulagen einbringen. Überstunden bleiben dem Gleitzeitkonto vorbehalten. Die Mitarbeiter können neben Altersteilzeit das Guthaben (vor allem in Phasen mit schlechter Auslastung) auch für Sabbaticals, Pflege- und Elternzeit nutzen.

Beispiel III:
Im *analysierten* Unternehmensbereich arbeiten vorwiegend hochqualifizierte Mitarbeiter mit Verdiensten oberhalb der Beitragsbemessungsgrenze. Neben der Qualifikation erbringen die Arbeitnehmer eine hohe Leistung vor allem durch langjährige Erfahrung. Dennoch benötigt der schnell wachsende Bereich dringend neues Personal. Die Demografieana-

lyse zeigt eine Überalterung, trotzdem zeichnet sich der Bereich durch eine hohe Motivation und Produktivität aus.

Ziel ist es, die Altersstruktur vorsichtig zu verjüngen, den Wissenstransfer zu gewährleisten und erfahrene Talente neu einzustellen.

»*Stellschrauben*«: Ein Zeitwertmodell kann hier das Unternehmen attraktiver machen und Mitbewerbern Talente abwerben. Die Konten sollten vorwiegend aus Entgeltbestandteilen bespart werden. Das Unternehmen trägt das Risiko der SV-Luft (siehe Punkt »Störfall« im Kapitel »Rechtliche Grundlagen«). Das Modell sieht eine überwiegende Nutzung der Guthaben für Altersteilzeit vor. Der Arbeitgeber muss den Wissenstransfer gut organisieren, da im Fall des Blockmodells die Altersteilzeit dem Vorruhestand entspricht.

Auswahl der Kapitalanlage

Der Gesetzgeber hat den Anteil des Wertguthabens an Aktien oder Aktienfonds auf 20 Prozent der Sparsumme begrenzt. Bei den festverzinslichen Anteilen bestimmen die Kündigungsfristen die Höhe der Renditen. Eine Begrenzung auf Freistellung im Vorruhestand erhöht folglich den Anlagespielraum.

Die Anlage muss zum gewählten Modell des Zeitwertkontos passen. Die Vereinbarung sollte die Frage klären, wie schnell die Mitarbeiter auf das Kapital wieder zugreifen können und sollen. Denn zu diesem Stichtag sollte das angesparte Guthaben – möglichst mit Zins und Zinseszins, auf jeden Fall aber ohne Verluste – wieder zur Verfügung stehen. Bei Zeitwertkonten, die auch Sabbaticals zulassen, sind daher risikoärmere Anlagen naheliegender. Reine Vorruhestandskonten mit langer Ansparphase vertragen eine etwas offensivere Anlagemischung.

▶ *Breites Freistellungsspektrum:* SGB-IV-kompatibles Garantieprodukt wie zum Beispiel Banksparplan.

▶ *Eingeengtes Freistellungsspektrum:* freiere Anlagemöglichkeiten, verstärkt durch Garantie des Arbeitgebers (unabhängig von der Kapitalanlage) oder des Produktgebers.

Unabhängig von der Anlagevariante greift in jedem Fall die Werterhaltungsgarantie.

Praxis-Tipp (1): Eine elegante Möglichkeit, Zielkonflikte aufzulösen, besteht in der Wahl mehrerer Konten. Diese können je nach Freistellungsplanung unterschiedliche »Anlagetöpfe« bedienen. So erreicht man die gewünschte Sicherheit bei den Sabbaticals und eine höhere Rendite bei der Altersfreistellung, denn: Der heute umgewandelte Urlaubstag soll auch in 20 Jahren noch einem Tag entsprechen.

Wertguthaben Mitarbeiter			
AG-SV-Anteil Vorruhestand	Vorruhestand	Sabbatical	AG-SV-Anteil Sabbatical
»Flexi II«-konforme Anlageprodukte			

Praxis-Tipp (2): Ziehen Sie die Garantie eines Produktgebers der des Arbeitgebers vor, da letztere nicht die nötige Sicherheit bietet.

Trotz der Notwendigkeit eines grundsätzlichen Konsenses unterliegt das Risikoempfinden einer sozialpsychologischen Komponente. Wie im theoretischen Teil bereits angesprochen, könnte ein Anlageausschuss aus Arbeitnehmervertretern und externen Beratern die Anlagenwahl unterstützen.

Auch die Personalfluktuation hat einen Einfluss auf die Wahl der Kapitalanlage. Zwar garantieren die Regelungen zur Portabilität, dass der Mitarbeiter im Fall eines Arbeitsplatzwechsels das angesparte Kapital mitnehmen kann, sofern der Folgearbeitgeber ebenfalls ein Zeitwertkonto anbietet oder das bestehende übernimmt. Doch kann es auch bei einer Übertragung zu Wertminderungen kommen, etwa durch Verluste beim Ver- und Ankauf von Fondsanteilen.

In allen anderen Fällen muss das Konto aufgelöst und das angesparte Kapital nach Abzug von Steuern und den bis dahin ersparten Sozialabgaben ausgezahlt werden.

Praxis-Tipp (3): Der Verwalter sollte in der Lage sein, jede Art der Kapitalanlage abzubilden.

INSOLVENZSICHERUNG

Die Novellierung des Flexibilitätsgesetzes hat vor allem die Insolvenzsicherung deutlich verbessert. Verbindliche Regelungen machen Detailvereinbarungen in der Vertragsgestaltung weitgehend überflüssig.

Das »Flexi II« räumt den insolvenzsicherungspflichtigen Unternehmen einen gewissen Spielraum ein. Neben strategischen Erwägungen hängt das Konzept von der Kapitalanlage ab. Bei Versicherungen wählt man das Modell der Verpfändung, bei Investmentfonds eher die doppelte Treuhand.

Mit der sogenannten Exkulpation nach § 7e Abs. 7 SGB IV, also der Schuldbefreiung, muss der Anbieter der Insolvenzschutzmaßnahme oder ein qualifizierter Berater dem Arbeitgeber bestätigen, dass die ergriffene Sicherungsmaßnahme geeignet und ausreichend ist.

Zielvereinbarungs- und Vertragsphase

Das Modell wird in eine Betriebsvereinbarung gegossen. Verwalter, Treuhänder und Kapitalanlagegesellschaft schließen entsprechende Verträge. Für die interne Kommunikation sollten entsprechende Formulare zur Verfügung stehen (Marketing, An- und Abmeldung, Intranet etc.).

Am Ende steht die Kontrolle, ob alle Details der Verträge rechtskonform sind.

In Vorbereitung auf eine Betriebsprüfung sollte die arbeitsrechtliche Grundlage (BV, Ergänzungsvertrag) mit Verweis auf § 7d Abs. 3 SGB IV (Anlagebeschränkung) ergänzt werden.

Praxis-Tipp: Prüfen Sie, ob Sie den Abbau von Wertgut-haben für Zwecke im Sinne von §7c Abs.1 Nr.1 SGB IV (Elternzeit, Pflegezeit, Teilzeitarbeit) in der Vereinbarung ausschließen wollen oder sich gerade durch diese Ver-wendungsmöglichkeiten die Akzeptanz des Modells stei-gern lässt.

Umsetzung und Administration

An diesem Zeitpunkt ist erstmals der Administrator gefragt. Der Produktivsetzung des Modells sollten umfangreiche Tests mit Echtdaten vorausgehen.

Schnittstellen können nun definiert und angepasst werden. Auch Onlinemodule finden zunehmend Verwendung. Der Verwalter ist die zentrale Kommunikationseinheit für alle Be-teiligten.

Die reibungslose Umsetzung hängt nicht zuletzt von der Akzeptanz des Modells ab. Ein gelungenes Marketing und die Schulung der Mitarbeiter sind wichtige Voraussetzungen. Die Informationen können durch eine Gehaltsbeilage, das Intra-net, ein schwarzes Brett, eine Betriebsversammlung oder auch Einzelgespräche übermittelt werden.

Kommt die individuelle Beratung zu kurz, stehen die Mit-arbeiter unter Umständen später vor dem Personalbüro des Arbeitgebers Schlange, um die vielen aufkommenden Fragen zu klären. Auch eine Mitarbeiter-Hotline kann hier viel zur Aufklärung und damit Sicherheit und Zustimmung beitra-gen.

Praxis-Tipp: Wie die Erfahrungen in der betrieblichen Altersversorgung gezeigt haben, erhöht sich die Teilnahmequote durch individuelle Beratung der Mitarbeiter.

Wichtig ist auch die Schulung der Mitarbeiter, die die betriebsinterne Administration im Bereich Human Ressource (HR) übernehmen: Welche Daten werden benötigt, wie funktioniert das Modell?

Zusammenfassung

Die im ersten Teil dieses Buchs beschriebene Theorie definiert zwar das »Korsett« der Zeitwertkonten, doch bleibt genug Spielraum für eigene Regeln.

Diesen Spielraum gilt es aktiv zu gestalten. Vor den Verhandlungen stellen diverse Analyseverfahren wichtige Wege und Ziele zur Verfügung. Deren Ergebnisse werden zur Verhandlungsgrundlage zwischen Arbeitgeber und Arbeitnehmer.

Am Ende sollte ein Vertrag stehen, mit dem sich beide Partner auf lange Sicht identifizieren können.

Die Formel lautet: gesetzlicher Rahmen + Analyseergebnisse + Betriebsvereinbarung = langfristig funktionierendes Zeitwertkontenmodell zu beiderseitigem Vorteil.

Praktische Anwendungen mittels Software

Die Administrationssoftware muss folgende Aufgaben leisten:
1. **Vernetzung** zwischen Arbeitgeber, Arbeitnehmer, Treuhänder, Produktgeber
2. **Speichern** von Stammdaten, Beitragsdaten, Liquiditätsbedarf
3. **Erzeugen** von Reportings, Kontoauszügen
4. **Schnittstellen** zu HR-Software

(1) Die im ersten Teil angesprochene Rolle des Verwalters als Kommunikationszentrum übernimmt die Software auf der technischen Seite. Sie bündelt die Informationen und wertet sie aus. Dazu sollte sie eine unabhängige, produktneutrale Verwaltungsplattform für Fonds- und Versicherungsprodukte sowie Garantiezinsmodelle bilden. Eine Webportalfunktion mit Login bietet den Vorteil, dass Arbeitnehmer nicht auf den Kontoauszug warten müssen, sondern jederzeit ihren Kontostand einsehen können.

(2) Ein wichtiger Punkt ist die Archivierung von Daten. Sind die Stammdaten einmal korrekt übernommen, reduzieren sich die möglichen Fehlerquellen beim Handling mit den Guthaben auf ein Minimum. Die zentral erfasste und gesicherte, lückenlose Historie der Transaktionen, der SV-Luft und anderer wichtiger Informationen senkt das Risiko für juristische Auseinandersetzungen. Langfristigkeit und teilweise hohe Spareinlagen erfordern eine zuverlässige und funktionale Verwaltungssoftware.

(3) Mit dieser Funktion erzeugt der Verwalter Rechenschaftsberichte für Arbeitgeber, Arbeitnehmer und Treuhänder.

Sie belegen unter anderem die Wertentwicklung, die Kontenhöhe, die Insolvenzsicherung und Anlagevarianten.

(4) Die Anwendungsplattform sollte mit allen gängigen HR-Systemen kommunizieren können. Eine Möglichkeit besteht darin, dass die HR-Software des Unternehmens die notwendigen Datensätze im xml-, txt-, csv-Format oder einem sonstigen Standardformat liefert, das die Verwaltungssoftware übernehmen kann.

Weitere Informationen finden Sie unter dem Kapitel »Zentraler Baustein Administration«.

Zusammenfassung

Die Verwaltungssoftware gewährleistet den reibungslosen Workflow des Modells. Sowohl Funktionalität als auch Aktualität tragen entscheidend zum dauerhaften Erfolg der Zeitwertkonten bei und entlasten die Personalabteilung im Unternehmen.

Bevor ein Verwalter den Zuschlag bekommt, sollte auch die von ihm verwendete Software überzeugen.

Fallbeispiele – Erfolgsgeschichten

Keine Praxis ohne Beispiele! Aus dieser Erfahrung heraus wollen wir Ihnen die Theorie und die praktischen Hinweise zur Einführung und der Verwaltungssoftware anhand einiger Erfolgsgeschichten verdeutlichen.

Unternehmen mit Zeitwertkonten vor dem 1. Januar 2009

RAHMENBEDINGUNGEN

Nutzungsmöglichkeiten: In diesem Unternehmen besteht bereits seit einiger Zeit ein Zeitwertkontenmodell. Die Mitarbeiter bringen Überstunden und Entgeltbestandteile ein. Einzige Freistellungsvariante ist der Vorruhestand. Die Konten werden bereits in Geld geführt.

Kapitalanlage: Nach dem Life-Cycle-Modell bekommt der Mitarbeiter das, was im Topf ist; möglicherweise weniger als eingezahlt, im schlimmsten Fall ist das Vermögen verloren. Statt in einen Life-Cycle-Fonds investierten die Arbeitnehmer aus Kostengründen in eine Zusammenstellung aus individuellen Fonds.

Anlageausschuss: Der Anlageausschuss besteht aus Arbeitgeber, Betriebsrat und einem unabhängigen Vermögensverwalter. Die Insolvenzsicherung erfolgt über CTA.

Marketing: Das Marketing beschränkte sich auf eine Seite FAQs im Intranet sowie einen Flyer.

Teilnahmequote: Die Teilnahmequote war bisher verhalten, weil viele Mitarbeiter die betriebliche Altersversorgung mit Entgeltumwandlung nutzen.

ANPASSUNGSBEDARF

Kapitalanlage: Das Modell sieht keine Garantie vor; bisher gibt es am Markt nur wenige Produkte. Die ab Januar 2009 eingebrachten Gelder werden zunächst auf einem Geldmarktfonds geparkt und später in das neue Produkt umgeschichtet.

Vertrag: Da als Freistellungsmöglichkeit nur der Vorruhestand zugelassen ist, sollen die gesetzlichen Freistellungen vertraglich ausgeschlossen bleiben. Darüber verhandeln Arbeitgeber und Betriebsrat gemeinsam und verweisen auf den ursprünglichen Gedanken der Betriebsvereinbarung. Die salvatorische Klausel lässt die Nachbesserung aufgrund der neuen rechtlichen Lage zu, ohne den Vertrag als Ganzes ungültig werden zu lassen. Ziel ist es, den Vertrag auf die Anforderungen der Gesetzesnovelle zum »Flexi II« anzupassen, um zum Beispiel die Übertragung auf andere Arbeitgeber zu ermöglichen.

Marketing: Zur Erhöhung der Teilnahmequote wollen Arbeitgeber und Arbeitnehmer das Marketing verbessern. Dazu beschlossen die Partner Betriebsversammlungen und individuelle Beratungen.

Unternehmen aus der Chemiebranche

Vorgaben: Das Unternehmen unterliegt dem Tarifvertrag »Lebensarbeitszeit und Demografie«.

Durchführung: Das Unternehmen beauftragte zunächst eine Demografieanalyse und deren Auswertung nach den Vorgaben der Tarifvereinbarung. Im Ergebnis wurde ermittelt, dass an einem Standort (mit überwiegender Produktion) mehr als 50 Prozent der Mitarbeiter älter als 45 Jahre sind. Die Betriebsführung möchte die Möglichkeiten der Zeitwertkonten als personalstrategisches Instrument nutzen und einen »Demografiebeitrag« von 300 € pro Jahr und Mitarbeiter als Arbeitgeberzuschuss zunächst nur für diesen Standort einführen. Zwar sieht der Betriebsrat die einseitige Förderung nur eines Teils der Belegschaft kritisch, doch sorgte ein Passus im

Tarifvertrag, der einen Individualanspruch ausschloss, für Rechtssicherheit.

Alternative Lösungen: Als Variante zu den Zeitwertkonten diskutierten die Arbeitgeber- und Arbeitnehmervertreter auch eine vom Tarifvertrag vorgesehene Berufsunfähigkeitslösung, da viele Mitarbeiter keinen privaten Versicherungsschutz abgeschlossen hatten. Leistungen von der Berufsgenossenschaft werden auf die Leistungen der BU-Chemie angerechnet.

Lösung: Letztlich entschieden sich die Partner für Zeitwertkonten. Der Arbeitgeber zahlt allen Mitarbeitern einen Zuschuss von 300 €, wodurch das Problem ungleicher Sonderzahlungen gelöst war.

Modell: Am Ende der Verhandlungen stand ein sehr umfangreiches und flexibles Modell. Der Arbeitgeber schränkt über eine Ankündigungsfrist von sechs Monaten überstürzt genommene Sabbaticals ein, die die Verwaltung aus dringenden betrieblichen Gründen ablehnen kann. In diesem Fall muss der Arbeitgeber dem Antragsteller innerhalb von drei Monaten ein neues Angebot machen. Die Dauer der maximalen Freistellung ist auf vier Monate begrenzt. Gesetzliche Freistellungszeiten sind bis auf die Elternzeit ausgeschlossen. Der Vorruhestand ist ebenfalls zugelassen. Die Mitarbeiter können Entgelt, Überstunden und Urlaub einbringen. Zur Vermeidung von zu langen Freistellungszeiten legt der Vertrag folgende Maximierung fest:

- ▶ laufendes Entgelt maximal 5 Prozent,
- ▶ Sonderzahlungen maximal 25 Prozent,
- ▶ maximal 5 Urlaubstage,
- ▶ Überstunden maximal 160 pro Jahr.

Eingebrachte Zeit soll dem Vorruhestand, Geldwerte dem Sabbatical zugutekommen. Die beiden Sparvarianten unterscheiden sich auch in der Wahl der Anlagen. Nun gilt es, den Zielkonflikt zwischen einer optimalen Rendite und der Werterhaltungsgarantie zu lösen.

Für den »Topf Sabbatical« wählen die Verhandlungspartner ein versicherungsförmiges Produkt, das den Werterhalt zu jeder Zeit darstellen kann. Hier steht der Werterhalt für den Arbeitgeber im Vordergrund.

Um über die Rendite zusätzliche Freistellungszeiten zu generieren, werden für den »Topf Vorruhestand« die Möglichkeiten des »Flexi II« ausgeschöpft. Da der Werterhalt erst zu einem relativ späteren Zeitpunkt greifen muss, können die Produktgeber den Aktienanteil erhöhen und eine entsprechende Anlagevariante wählen. Sobald das Sabbatical vollständig angespart ist, bucht der Verwalter den Überhang automatisch in das Vorruhestandskonto um. Wenn der Mitarbeiter ein Sabbatical in Anspruch genommen hat, muss er dieses Konto erneut mit Geldteilen aufbauen. Eine Umbuchung aus dem »Geldkonto« ist nicht zugelassen.

Die Anbieterauswahl ist noch nicht endgültig abgeschlossen. Die Zielvereinbarung sieht für das Vorruhestandskonto einen variablen Aktienfondsanteil bis zu maximal 30 Prozent vor, für das Sabbatical-Konto eine »jederzeitige« Garantie.

Die Auswahl des Verwalters soll sich auch nach der Frage richten, ob er dieses Mehrkontensystem anbietet und auch die Umschichtungen automatisch durchführen kann.

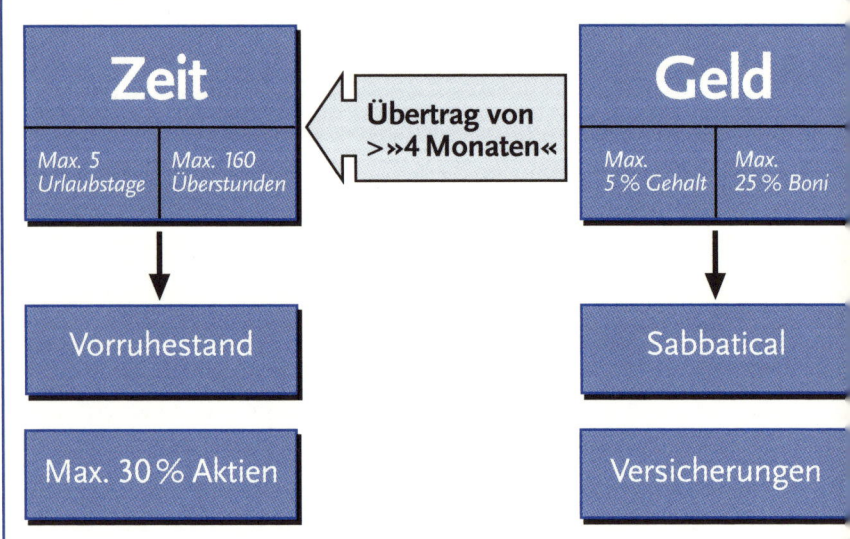

Zusammenfassung

Die Erfolgsgeschichten zeigen, wie sich aus ganz unterschiedlichen Vorgaben und Bedingungen Zeitwertkonten einführen lassen. Sie zeigen aber auch die Vielfalt der Steuerungsmöglichkeiten innerhalb der rechtlichen Vorgaben.

Auch ältere Modelle lassen sich an die neuen gesetzlichen Richtlinien oder geänderten Vorgaben aus dem Unternehmen anpassen und beweisen dadurch ihre Nachhaltigkeit. Selbst unausgewogene, veraltete oder wegen mangelnder Beteiligung erfolglose Modelle lassen sich durch professionelle Analysen und Verhandlungen erfolgreich erneuern.

Teil 3
Anhang

Adressen und Internetlinks

Forschungsinstitut für Deutsches und Europäisches Sozialrecht
Universität Köln
Rechtswissenschaftliche Fakultät
Lehrstuhl für Bürgerliches Recht, Arbeits- und Sozialrecht
Prof. Dr. Ulrich Preis

Forschungszentrum Generationenverträge
Bertoldstraße 17, 79098 Freiburg
Direktor: Prof. Dr. Bernd Raffelhüschen

NESTOR – Forschungsinstitut für Neue Alterssicherungssysteme und Rechtsbiometrik
in der Humboldt Universität zu Berlin
Unter den Linden 11, 10099 Berlin
http://www.nestor.hu-berlin.de

Die große Gothaer-Zeitwertkonten-Studie:
Repräsentative Online-Umfrage unter 261 Unternehmen in
  Deutschland, Zeitraum: 25. 7. 2008 bis 31. 7. 2008,
  Feldinstitut: komm.passion Research
Repräsentative Online-Umfrage unter 1033 Arbeitnehmern
  in Deutschland, Zeitraum: 25. 7. 2008 bis 29. 7. 2008,
  Feldinstitut: komm.passion Research
Pressemitteilung der Gothaer Allgemeine Versicherung AG:
http://www.openpr.de/news/233537/Gothaer-Studie-
  Zeitwertkonten-hoch-im-Kurs-bei-Arbeitgebern-und-
  Arbeitnehmern.html

http://de.statista.com/statistik/daten/studie/1533/umfrage/
nutzung-oder-planung-von-zeitwertkonten-in-unterneh-
men/

Bundesministerium für Arbeit und Soziales (BMAS)

Wilhelmstraße 49, 10117 Berlin
Postanschrift: 11017 Berlin
Telefax: (0 30 18) 5 27 22 36
E-Mail: info@bmas.bund.de
http://www.bmas.de

Bundesministerium der Finanzen

Wilhelmstraße 97, 10117 Berlin
Postanschrift: 11016 Berlin
Telefon: (0 30 18) 6 82-0
Telefax: (0 30 18) 6 82-42 48
http://www.bundesfinanzministerium.de

Universität Köln

Rechtswissenschaftliche Fakultät
Forschungsinstitut für Deutsches und Europäisches
    Sozialrecht
Lehrstuhl für Bürgerliches Recht, Arbeits- und Sozialrecht
Prof. Dr. Ulrich Preis
http://www.aus-innovativ.de/themen/arbeitszeit.htm

Institut für Volkswirtschaftslehre und Finanzwissenschaft

Bertoldstraße 17, 79098 Freiburg
Direktor: Prof. Dr. Bernd Raffelhüschen
http://www.generationenvertraege.de/

Gesetze und Verordnungen

Gesetzestexte des Bundesministeriums für Justiz
http://bundesrecht.juris.de/aktuell.html

Arbeitsgemeinschaft Zeitwertkonten e.V. (AGZWK)

Am Schießendahl 68, 50374 Erftstadt
Telefon: (0 22 35) 98 99-310
Telefax: (0 22 35) 98 99-311
http://www.ag-zwk.de
E-Mail: info@ag-zwk.de

Arbeitsgemeinschaft für betriebliche Altersversorgung e.V. (aba)

Rohrbacher Straße 12, 69115 Heidelberg
Telefon: (0 62 21) 13 71 78-0
Telefax: (0 62 21) 2 42 10
E-Mail: info@aba-online.de

Zeitbüro NRW
Ministerium für Arbeit, Gesundheit und Soziales des Landes Nordrhein-Westfalen

Fürstenwall 25, 40219 Düsseldorf
Telefon: (02 11) 8 55-5
Telefax: (02 11) 8 55-32 11
http://www.arbeitszeiten.nrw.de/b2-6f_Zeitbuero_NRW.htm

Rundschreiben der Sozialversicherungsträger vom 31. 3. 2009 als Download

http://www.deutsche-zeitwert.de

Weiterführende Literatur

Uckermann, Sebastian: *Betriebliche Altersversorgung und Zeitwertkonten: Arbeits- und Sozialrecht, Steuer- und Bilanzrecht*, Düsseldorf 2009

Kümmerle, Katrin; Buttler, Andreas; Keller, Markus: *Betriebliche Zeitwertkonten: Einführung und Gestaltung in der Praxis*, Heidelberg 2006

HDI Gerling: »Zeitwertkonten im Mittelstand: Erwartungen und Erfahrungen mit Zeitwertkonten. Eine Studie«, Frankfurt am Main 2006

Böker, Karl-Hermann: *Flexible Arbeitszeit – Langzeitkonten: Analyse und Handlungsempfehlungen*, Frankfurt am Main 2007

Glossar

Abgeltungssteuer

Die Abgeltungssteuer ist eine Quellensteuer auf Kapitalerträge. Sie wurde am 1. Januar 2009 in Deutschland eingeführt und besteuert Zinserträge von Anlagevermögen. Die Höhe beträgt 25 Prozent plus Solidaritätszuschlag.

Anlageausschuss

Ein Ausschuss, der über geeignete Anlagevarianten für Zeitwertkonten berät und abstimmt. Der Anlageausschuss besteht aus Arbeitgeber, Betriebsrat und einem unabhängigen Vermögensverwalter. Die Insolvenzsicherung erfolgt über CTA. → Contractual Trust Arrangement

Ansparzeitraum

Zeitphase, in der ein Arbeitnehmer seinem Arbeitszeitkonto Werte zuführt. → Freistellungszeitraum

Beitragsbemessungsgrenze

Die Beitragsbemessungsgrenze (BBG) bezeichnet die maximale Verdiensthöhe (Deckelungsbetrag), bis zu der ein Arbeitnehmer Sozialversicherungsabgaben abführen muss. Einkommen oberhalb dieser Grenze bleiben sozialversicherungsfrei.

Beschäftigungsfiktion

Die rechtliche Beschäftigungsannahme während einer bezahlten Freistellung. Ein Arbeitnehmer gilt als beschäftigt ab einer

Freistellung von mindestens einem Monat ohne unangemessene Abweichung des Freistellungseinkommens gegenüber dem durchschnittlichen Einkommen der letzten zwölf Monate.

Betriebsvereinbarung

Vertragliche Regelung zur Ein- und Durchführung von Zeitwertkonten. Verhandlungspartner sind Arbeitnehmer- und Arbeitgebervertreter. Die Betriebsvereinbarung hält alle Details zur Regelung des Kontenmodells fest. Den Verhandlungsspielraum gibt das Gesetz zur Flexibilisierung der Arbeitszeit vom 1. 1. 2009 (»Flexi II«) vor.

Contractual Trust Arrangement (CTA)

Doppelseitige Treuhandlösungen für die betriebliche Altersversorgung und Zeitwertkonten. Ein Treuhandmodell, bei dem Unternehmen die Sparwerte der Mitarbeiter aus der eigenen internationalen Bilanz ausgliedern und einer Treuhandgesellschaft übertragen.

Entstehungsprinzip

Prinzip, nach dem die Beitragspflicht bereits dann entsteht, wenn ein Anspruch des Arbeitnehmers auf das Entgelt bzw. den Entgeltanteil besteht. → Zuflussprinzip, → Stundungseffekt

Exkulpation

Die Schuldbefreiung einer Person. Im engeren Sinn meint die Exkulpation die Absicherung von Zeitwertkonten gegen Insolvenz durch den Arbeitgeber (rechtlicher Eigentümer). Durch die rechtmäßige Sicherung durch Dritte (Versicherer) kann der Arbeitgeber auch im Fall einer Insolvenz nicht schuldnerisch für die Werte der Konten verantwortlich gemacht werden. Dies gilt auch ohne die Trennung von Betriebs- und Anlagevermögen.

Freistellungszeitraum
Zeitphase, in der ein Arbeitnehmer seinem Konto Werte entnimmt. → Ansparzeitraum

Life-Cycle-Modell
Eine Anlageform, die sich am Alter des Mitarbeiters orientiert. Die Aktien(fonds)quote nimmt mit zunehmendem Alter des Mitarbeiters ab, der Anteil an »sicheren« Anlagen nimmt dagegen zu.

Regelaltersgrenze
Gesetzlich festgelegte Altersgrenze, ab der ein Arbeitnehmer Anspruch auf seine vollen Rentenbeiträge hat.

Sabbatical
Als Sabbatical oder Sabbatjahr bezeichnet man ein Jahr der Freistellung bei (gewöhnlich) weiterlaufenden Bezügen. Die finanziellen Rücklagen für die weiterlaufenden Bezüge schafft sich der Arbeitnehmer selbst durch vorangehenden Lohnverzicht oder angesparte Werte (neben Entgelt auch Arbeitszeit, Sonderzahlungen etc.) auf Arbeitszeitkonten.

Stundungseffekt
Mit dem Stundungseffekt bezeichnet man die Zinswirkung, die durch das Abführen der Steuer nach der Sparphase bewirkt wird. Die gestundete Steuer auf dem Zeitwertkonto unterstützt die Wertsteigerung der Geldanlage. → Entstehungsprinzip, → Zuflussprinzip

Zeitsouveränität

Selbstbestimmte Zeiteinteilung, die Freiheit, die eigene Zeit einteilen zu können. Arbeitnehmer bezeichnen mit Zeitsouveränität die Möglichkeit, Erwerbszeit selbst zu gestalten. Im Unterschied zur Gleitzeit bezieht sich die Zeitsouveränität auf einen langfristigen Planungshorizont. Selbständige arbeiten in Eigenverantwortung weitgehend zeitsouverän, abhängig Beschäftigte meist über Stundennachweise, die mit Hilfe von Arbeitszeitkonten protokolliert werden.

Zuflussprinzip

Prinzip, nach dem Entgelt erst dann besteuert wird, wenn es zugeflossen ist. → Entstehungsprinzip, → Stundungseffekt

Gesetzesauszüge aus dem Sozialgesetzbuch (SGB)

Sozialgesetzbuch (SGB),
Ausfertigungsdatum: 23. Dezember 1976,
letzte Änderung: 28. März 2009

Drittes Buch – § 131 Bemessungsentgelt

(1) Bemessungsentgelt ist das durchschnittlich auf den Tag entfallende beitragspflichtige Arbeitsentgelt, das der Arbeitslose im Bemessungszeitraum erzielt hat. Arbeitsentgelte, auf die der Arbeitslose beim Ausscheiden aus dem Beschäftigungsverhältnis Anspruch hatte, gelten als erzielt, wenn sie zugeflossen oder nur wegen Zahlungsunfähigkeit des Arbeitgebers nicht zugeflossen sind.

(2) Außer Betracht bleiben Arbeitsentgelte,
1. die der Arbeitslose wegen der Beendigung des Arbeitsverhältnisses erhält oder die im Hinblick auf die Arbeitslosigkeit vereinbart worden sind,
2. die als **Wertguthaben** einer Vereinbarung nach § 7b des Vierten Buches nicht nach dieser Vereinbarung verwendet werden.

Viertes Buch – § 7 Beschäftigung

(1) Beschäftigung ist die nichtselbständige Arbeit, insbesondere in einem Arbeitsverhältnis. Anhaltspunkte für eine Be-

schäftigung sind eine Tätigkeit nach Weisungen und eine Eingliederung in die Arbeitsorganisation des Weisungsgebers.

(1a) Eine Beschäftigung besteht auch in Zeiten der Freistellung von der Arbeitsleistung von mehr als einem Monat, wenn

1. während der Freistellung Arbeitsentgelt aus einem **Wertguthaben** nach § 7b fällig ist und
2. das monatlich fällige Arbeitsentgelt in der Zeit der Freistellung nicht unangemessen von dem für die vorausgegangenen zwölf Kalendermonate abweicht, in denen Arbeitsentgelt bezogen wurde.

Beginnt ein Beschäftigungsverhältnis mit einer Zeit der Freistellung, gilt Satz 1 Nr. 2 mit der Maßgabe, dass das monatlich fällige Arbeitsentgelt in der Zeit der Freistellung nicht unangemessen von dem für die Zeit der Arbeitsleistung abweichen darf, mit der das Arbeitsentgelt später erzielt werden soll. Eine Beschäftigung gegen Arbeitsentgelt besteht während der Zeit der Freistellung auch, wenn die Arbeitsleistung, mit der das Arbeitsentgelt später erzielt werden soll, wegen einer im Zeitpunkt der Vereinbarung nicht vorhersehbaren vorzeitigen Beendigung des Beschäftigungsverhältnisses nicht mehr erbracht werden kann. Die Vertragsparteien können beim Abschluss der Vereinbarung nur für den Fall, dass **Wertguthaben** wegen der Beendigung der Beschäftigung auf Grund verminderter Erwerbsfähigkeit, des Erreichens einer Altersgrenze, zu der eine Rente wegen Alters beansprucht werden kann, oder des Todes des Beschäftigten nicht mehr für Zeiten einer Freistellung von der Arbeitsleistung verwendet werden können, einen anderen Verwendungszweck vereinbaren. Die Sätze 1 bis 4 gelten nicht für Beschäftigte, auf die **Wertguthaben** übertragen werden. Bis zur Herstellung einheitlicher Einkommensverhältnisse im Inland werden **Wertguthaben**, die durch Arbeitsleistung im Beitrittsgebiet erzielt werden, getrennt erfasst; sind für die Beitrags- oder Leistungsberechnung im Beitrittsgebiet und im übrigen Bundesgebiet unterschiedliche Werte vorgeschrieben, sind die Werte maßgebend, die für den Teil des Inlandes gelten, in dem das **Wertguthaben** erzielt worden ist.

(1b) Die Möglichkeit eines Arbeitnehmers zur Vereinbarung flexibler Arbeitszeiten gilt nicht als eine die Kündigung des Arbeitsverhältnisses durch den Arbeitgeber begründende Tatsache im Sinne des § 1 Abs. 2 Satz 1 des Kündigungsschutzgesetzes.

(2) Als Beschäftigung gilt auch der Erwerb beruflicher Kenntnisse, Fertigkeiten oder Erfahrungen im Rahmen betrieblicher Berufsbildung.

(3) Eine Beschäftigung gegen Arbeitsentgelt gilt als fortbestehend, solange das Beschäftigungsverhältnis ohne Anspruch auf Arbeitsentgelt fortdauert, jedoch nicht länger als einen Monat. Satz 1 gilt nicht, wenn Krankengeld, Krankentagegeld, Verletztengeld, Versorgungskrankengeld, Übergangsgeld oder Mutterschaftsgeld oder nach gesetzlichen Vorschriften Erziehungsgeld oder Elterngeld bezogen oder Elternzeit in Anspruch genommen oder Wehrdienst oder Zivildienst geleistet wird. Satz 1 gilt auch nicht für die Inanspruchnahme von Pflegezeit im Sinne des § 3 des Pflegezeitgesetzes.

§ 7a Anfrageverfahren

(1) Die Beteiligten können schriftlich eine Entscheidung beantragen, ob eine Beschäftigung vorliegt, es sei denn, die Einzugsstelle oder ein anderer Versicherungsträger hatte im Zeitpunkt der Antragstellung bereits ein Verfahren zur Feststellung einer Beschäftigung eingeleitet. Die Einzugsstelle hat einen Antrag nach Satz 1 zu stellen, wenn sich aus der Meldung des Arbeitgebers (§ 28a) ergibt, dass der Beschäftigte Ehegatte, Lebenspartner oder Abkömmling des Arbeitgebers oder geschäftsführender Gesellschafter einer Gesellschaft mit beschränkter Haftung ist. Über den Antrag entscheidet abweichend von § 28h Abs. 2 die Deutsche Rentenversicherung Bund.

(2) Die Deutsche Rentenversicherung Bund entscheidet auf Grund einer Gesamtwürdigung aller Umstände des Einzelfalles, ob eine Beschäftigung vorliegt.

(3) Die Deutsche Rentenversicherung Bund teilt den Beteiligten schriftlich mit, welche Angaben und Unterlagen sie für ihre Entscheidung benötigt. Sie setzt den Beteiligten eine angemessene Frist, innerhalb der diese die Angaben zu machen und die Unterlagen vorzulegen haben.

(4) Die Deutsche Rentenversicherung Bund teilt den Beteiligten mit, welche Entscheidung sie zu treffen beabsichtigt, bezeichnet die Tatsachen, auf die sie ihre Entscheidung stützen will, und gibt den Beteiligten Gelegenheit, sich zu der beabsichtigten Entscheidung zu äußern.

(5) Die Deutsche Rentenversicherung Bund fordert die Beteiligten auf, innerhalb einer angemessenen Frist die Tatsachen anzugeben, die eine Widerlegung begründen, wenn diese die Vermutung widerlegen wollen.

(6) Wird der Antrag nach Absatz 1 innerhalb eines Monats nach Aufnahme der Tätigkeit gestellt und stellt die Deutsche Rentenversicherung Bund ein versicherungspflichtiges Beschäftigungsverhältnis fest, tritt die Versicherungspflicht mit der Bekanntgabe der Entscheidung ein, wenn der Beschäftigte
1. zustimmt und
2. er für den Zeitraum zwischen Aufnahme der Beschäftigung und der Entscheidung eine Absicherung gegen das finanzielle Risiko von Krankheit und zur Altersvorsorge vorgenommen hat, die der Art nach den Leistungen der gesetzlichen Krankenversicherung und der gesetzlichen Rentenversicherung entspricht.
Der Gesamtsozialversicherungsbeitrag wird erst zu dem Zeitpunkt fällig, zu dem die Entscheidung, dass eine Beschäftigung vorliegt, unanfechtbar geworden ist.

(7) Widerspruch und Klage gegen Entscheidungen, dass eine Beschäftigung vorliegt, haben aufschiebende Wirkung. Eine Klage auf Erlass der Entscheidung ist abweichend von § 88 Abs. 1 des Sozialgerichtsgesetzes nach Ablauf von drei Monaten zulässig.

§ 7b Wertguthabenvereinbarungen

Eine Wertguthabenvereinbarung liegt vor, wenn

1. der Aufbau des **Wertguthabens** auf Grund einer schriftlichen Vereinbarung erfolgt,
2. diese Vereinbarung nicht das Ziel der flexiblen Gestaltung der werktäglichen oder wöchentlichen Arbeitszeit oder den Ausgleich betrieblicher Produktions- und Arbeitszeitzyklen verfolgt,
3. Arbeitsentgelt in das **Wertguthaben** eingebracht wird, um es für Zeiten der Freistellung von der Arbeitsleistung oder der Verringerung der vertraglich vereinbarten Arbeitszeit zu entnehmen,
4. das aus dem **Wertguthaben** fällige Arbeitsentgelt mit einer vor oder nach der Freistellung von der Arbeitsleistung oder der Verringerung der vertraglich vereinbarten Arbeitszeit erbrachten Arbeitsleistung erzielt wird und
5. das fällige Arbeitsentgelt insgesamt 400 € monatlich übersteigt, es sei denn, die Beschäftigung wurde vor der Freistellung als geringfügige Beschäftigung ausgeübt.

§ 7c Verwendung von Wertguthaben

(1) Das Wertguthaben auf Grund einer Vereinbarung nach § 7b kann in Anspruch genommen werden

1. für gesetzlich geregelte vollständige oder teilweise Freistellungen von der Arbeitsleistung oder gesetzlich geregelte Verringerungen der Arbeitszeit, insbesondere für Zeiten,
   a) in denen der Beschäftigte nach § 3 des Pflegezeitgesetzes vom 28. Mai 2008 (BGBl. I S. 874, 896) in der jeweils geltenden Fassung einen pflegebedürftigen nahen Angehörigen in häuslicher Umgebung pflegt,

b) in denen der Beschäftigte nach § 15 des Bundeselterngeld- und Elternzeitgesetzes ein Kind selbst betreut und erzieht,

c) für die der Beschäftigte eine Verringerung seiner vertraglich vereinbarten Arbeitszeit nach § 8 des Teilzeit- und Befristungsgesetzes verlangen kann; § 8 des Teilzeit- und Befristungsgesetzes gilt mit der Maßgabe, dass die Verringerung der Arbeitszeit auf die Dauer der Entnahme aus dem **Wertguthaben** befristet werden kann,

2. für vertraglich vereinbarte vollständige oder teilweise Freistellungen von der Arbeitsleistung oder vertraglich vereinbarte Verringerungen der Arbeitszeit, insbesondere für Zeiten,

a) die unmittelbar vor dem Zeitpunkt liegen, zu dem der Beschäftigte eine Rente wegen Alters nach dem Sechsten Buch bezieht oder beziehen könnte oder

b) in denen der Beschäftigte an beruflichen Qualifizierungsmaßnahmen teilnimmt.

(2) Die Vertragsparteien können die Zwecke, für die das **Wertguthaben** in Anspruch genommen werden kann, in der Vereinbarung nach § 7b abweichend von Absatz 1 auf bestimmte Zwecke beschränken.

§ 7d Führung und Verwaltung von Wertguthaben
(1) **Wertguthaben** sind als Arbeitsentgeltguthaben einschließlich des darauf entfallenden Arbeitgeberanteils am Gesamtsozialversicherungsbeitrag zu führen. Die Arbeitszeitguthaben sind in Arbeitsentgelt umzurechnen.

(2) Arbeitgeber haben Beschäftigte mindestens einmal jährlich in Textform über die Höhe ihres im **Wertguthaben** enthaltenen Arbeitsentgeltguthabens zu unterrichten.

(3) Für die Anlage von **Wertguthaben** gelten die Vorschriften über die Anlage der Mittel von Versicherungsträgern nach dem Vierten Titel des Vierten Abschnitts entsprechend, mit der Maßgabe, dass eine Anlage in Aktien oder Aktienfonds bis zu einer Höhe von 20 Prozent zulässig und ein Rückfluss zum Zeitpunkt der Inanspruchnahme des **Wertguthabens** mindestens in der Höhe des angelegten Betrages gewährleistet ist. Ein höherer Anlageanteil in Aktien oder Aktienfonds ist zulässig, wenn

1. dies in einem Tarifvertrag oder auf Grund eines Tarifvertrages in einer Betriebsvereinbarung vereinbart ist oder
2. das **Wertguthaben** nach der Wertguthabenvereinbarung ausschließlich für Freistellungen nach § 7c Abs. 1 Nr. 2 Buchstabe a in Anspruch genommen werden kann.

§ 7e Insolvenzschutz

(1) Die Vertragsparteien treffen im Rahmen ihrer Vereinbarung nach § 7b durch den Arbeitgeber zu erfüllende Vorkehrungen, um das **Wertguthaben** einschließlich des darin enthaltenen Gesamtsozialversicherungsbeitrages gegen das Risiko der Insolvenz des Arbeitgebers vollständig abzusichern, soweit

1. ein Anspruch auf Insolvenzgeld nicht besteht und wenn
2. das **Wertguthaben** des Beschäftigten einschließlich des darin enthaltenen Gesamtsozialversicherungsbeitrages einen Betrag in Höhe der monatlichen Bezugsgröße übersteigt.

In einem Tarifvertrag oder auf Grund eines Tarifvertrages in einer Betriebsvereinbarung kann ein von Satz 1 Nr. 2 abweichender Betrag vereinbart werden.

(2) Zur Erfüllung der Verpflichtung nach Absatz 1 sind **Wertguthaben** unter Ausschluss der Rückführung durch einen Dritten zu führen, der im Fall der Insolvenz des Arbeitgebers für die Erfüllung der Ansprüche aus dem **Wertguthaben** für den Arbeitgeber einsteht, insbesondere in einem Treuhandverhältnis, das die unmittelbare Übertragung des **Wertguthabens** in das Vermögen des Dritten und die Anlage des **Wertguthabens** auf einem offenen Treuhandkonto oder in anderer geeigneter Weise sicherstellt. Die Vertragsparteien können in der Vereinbarung nach § 7b ein anderes, einem Treuhandverhältnis im Sinne des Satzes 1 gleichwertiges Sicherungsmittel vereinbaren, insbesondere ein Versicherungsmodell oder ein schuldrechtliches Verpfändungs- oder Bürgschaftsmodell mit ausreichender Sicherung gegen Kündigung.

(3) Keine geeigneten Vorkehrungen sind bilanzielle Rückstellungen sowie zwischen Konzernunternehmen (§ 18 des Aktiengesetzes) begründete Einstandspflichten, insbesondere Bürgschaften, Patronatserklärungen oder Schuldbeitritte.

(4) Der Arbeitgeber hat den Beschäftigten unverzüglich über die Vorkehrungen zum Insolvenzschutz in geeigneter Weise schriftlich zu unterrichten, wenn das **Wertguthaben** die in Absatz 1 Satz 1 Nr. 2 genannten Voraussetzungen erfüllt.

(5) Hat der Beschäftigte den Arbeitgeber schriftlich aufgefordert, seinen Verpflichtungen nach den Absätzen 1 bis 3 nachzukommen und weist der Arbeitgeber dem Beschäftigten nicht innerhalb von zwei Monaten nach der Aufforderung die Erfüllung seiner Verpflichtung zur Insolvenzsicherung des **Wertguthabens** nach, kann der Beschäftigte die Vereinbarung nach § 7b mit sofortiger Wirkung kündigen; das Wertguthaben ist nach Maßgabe des § 23b Abs. 2 aufzulösen.

(6) Stellt der Träger der Rentenversicherung bei der Prüfung des Arbeitgebers nach § 28p fest, dass

1. für ein **Wertguthaben** keine Insolvenzschutzregelung getroffen worden ist,
2. die gewählten Sicherungsmittel nicht geeignet sind im Sinne des Absatzes 3,
3. die Sicherungsmittel in ihrem Umfang das **Wertguthaben** um mehr als 30 Prozent unterschreiten oder
4. die Sicherungsmittel den im **Wertguthaben** enthaltenen Gesamtsozialversicherungsbeitrag nicht umfassen,

weist er in dem Verwaltungsakt nach § 28p Abs. 1 Satz 5 den in dem **Wertguthaben** enthaltenen und vom Arbeitgeber zu zahlenden Gesamtsozialversicherungsbeitrag aus. Weist der Arbeitgeber dem Träger der Rentenversicherung innerhalb von zwei Monaten nach der Feststellung nach Satz 1 nach, dass er seiner Verpflichtung nach Absatz 1 nachgekommen ist, entfällt die Verpflichtung zur sofortigen Zahlung des Gesamtsozialversicherungsbeitrages. Hat der Arbeitgeber den Nachweis nach Satz 2 nicht innerhalb der dort vorgesehenen Frist erbracht, ist die Vereinbarung nach § 7b als von Anfang an unwirksam anzusehen; das **Wertguthaben** ist aufzulösen.

(7) Kommt es wegen eines nicht geeigneten oder nicht ausreichenden Insolvenzschutzes zu einer Verringerung oder einem Verlust des **Wertguthabens**, haftet der Arbeitgeber für den entstandenen Schaden. Ist der Arbeitgeber eine juristische Person oder eine Gesellschaft ohne Rechtspersönlichkeit, haften auch die organschaftlichen Vertreter gesamtschuldnerisch für den Schaden. Der Arbeitgeber oder ein organschaftlicher Vertreter haften nicht, wenn sie den Schaden nicht zu vertreten haben.

(8) Eine Beendigung, Auflösung oder Kündigung der Vorkehrungen zum Insolvenzschutz vor der bestimmungsgemäßen Auflösung des **Wertguthabens** ist unzulässig, es sei denn, die Vorkehrungen werden mit Zustimmung des Beschäftigten durch einen mindestens gleichwertigen Insolvenzschutz abgelöst.

(9) Die Absätze 1 bis 8 finden keine Anwendung gegenüber dem Bund, den Ländern, Gemeinden, Körperschaften, Stiftungen und Anstalten des öffentlichen Rechts, über deren Vermögen die Eröffnung des Insolvenzverfahrens nicht zulässig ist, sowie solchen juristischen Personen des öffentlichen Rechts, bei denen der Bund, ein Land oder eine Gemeinde kraft Gesetzes die Zahlungsfähigkeit sichert.

§ 7f Übertragung von Wertguthaben

(1) Bei Beendigung der Beschäftigung kann der Beschäftigte durch schriftliche Erklärung gegenüber dem bisherigen Arbeitgeber verlangen, dass das **Wertguthaben** nach § 7b
1. auf den neuen Arbeitgeber übertragen wird, wenn dieser

mit dem Beschäftigten eine Wertguthabenvereinbarung nach § 7b abgeschlossen und der Übertragung zugestimmt hat,

2. auf die Deutsche Rentenversicherung Bund übertragen wird, wenn das **Wertguthaben** einschließlich des Gesamtsozialversicherungsbeitrages einen Betrag in Höhe des Sechsfachen der monatlichen Bezugsgröße übersteigt; die Rückübertragung ist ausgeschlossen.

Nach der Übertragung sind die mit dem Wertguthaben verbundenen Arbeitgeberpflichten vom neuen Arbeitgeber oder von der Deutschen Rentenversicherung Bund zu erfüllen.

(2) Im Fall der Übertragung auf die Deutsche Rentenversicherung Bund kann der Beschäftigte das **Wertguthaben** für Zeiten der Freistellung von der Arbeitsleistung und Zeiten der Verringerung der vertraglich vereinbarten Arbeitszeit nach § 7c Abs. 1 sowie auch außerhalb eines Arbeitsverhältnisses für die in § 7c Abs. 1 Nr. 2 Buchstabe a genannten Zeiten in Anspruch nehmen. Der Antrag ist spätestens einen Monat vor der begehrten Freistellung schriftlich bei der Deutschen Rentenversicherung Bund zu stellen; in dem Antrag ist auch anzugeben, in welcher Höhe Arbeitsentgelt aus dem **Wertguthaben** entnommen werden soll; dabei ist § 7 Abs. 1a Satz 1 Nr. 2 zu berücksichtigen.

(3) Die Deutsche Rentenversicherung Bund verwaltet die ihr übertragenen **Wertguthaben** einschließlich des darin enthaltenen Gesamtsozialversicherungsbeitrages als ihr übertragene Aufgabe bis zu deren endgültiger Auflösung getrennt von ihrem sonstigen Vermögen treuhänderisch. Die **Wertguthaben** sind nach den Vorschriften über die Anlage der Mittel

von Versicherungsträgern nach dem Vierten Titel des Vierten Abschnitts anzulegen. Die der Deutschen Rentenversicherung Bund durch die Übertragung, Verwaltung und Verwendung von **Wertguthaben** entstehenden Kosten sind vollständig vom **Wertguthaben** in Abzug zu bringen und in der Mitteilung an den Beschäftigten nach § 7d Abs. 2 gesondert auszuweisen.

Viertes Buch – § 8 Geringfügige Beschäftigung und geringfügige selbständige Tätigkeit

(1) Eine geringfügige Beschäftigung liegt vor, wenn
1. das Arbeitsentgelt aus dieser Beschäftigung regelmäßig im Monat 400 € nicht übersteigt,
2. die Beschäftigung innerhalb eines Kalenderjahres auf längstens zwei Monate oder 50 Arbeitstage nach ihrer Eigenart begrenzt zu sein pflegt oder im Voraus vertraglich begrenzt ist, es sei denn, dass die Beschäftigung berufsmäßig ausgeübt wird und ihr Entgelt 400 € im Monat übersteigt.

(2) Bei der Anwendung des Absatzes 1 sind mehrere geringfügige Beschäftigungen nach Nummer 1 oder Nummer 2 sowie geringfügige Beschäftigungen nach Nummer 1 mit Ausnahme einer geringfügigen Beschäftigung nach Nummer 1 und nicht geringfügige Beschäftigungen zusammenzurechnen. Eine geringfügige Beschäftigung liegt nicht mehr vor, sobald die Voraussetzungen des Absatzes 1 entfallen. Wird bei der Zusammenrechnung nach Satz 1 festgestellt, dass die Voraussetzungen einer geringfügigen Beschäftigung nicht mehr vorliegen, tritt die Versicherungspflicht erst mit dem Tage der Bekanntgabe der Feststellung durch die Einzugsstelle oder

einen Träger der Rentenversicherung ein. Dies gilt nicht, wenn der Arbeitgeber vorsätzlich oder grob fahrlässig versäumt hat, den Sachverhalt für die versicherungsrechtliche Beurteilung der Beschäftigung aufzuklären.

(3) Die Absätze 1 und 2 gelten entsprechend, soweit anstelle einer Beschäftigung eine selbständige Tätigkeit ausgeübt wird. Dies gilt nicht für das Recht der Arbeitsförderung.

Viertes Buch – § 8a Geringfügige Beschäftigung in Privathaushalten

Werden geringfügige Beschäftigungen ausschließlich in Privathaushalten ausgeübt, gilt § 8. Eine geringfügige Beschäftigung im Privathaushalt liegt vor, wenn diese durch einen privaten Haushalt begründet ist und die Tätigkeit sonst gewöhnlich durch Mitglieder des privaten Haushalts erledigt wird.

Viertes Buch – § 116 Übergangsregelungen für bestehende Wertguthaben

(1) **Wertguthaben** für Beschäftigte, die am 1. Januar 2009 abweichend von § 7d Abs. 1 als Zeitguthaben geführt werden, können als Zeitguthaben oder als Entgeltguthaben geführt werden; dies gilt auch für neu vereinbarte Wertguthabenvereinbarungen auf der Grundlage früherer Vereinbarungen.

(2) § 7c Abs. 1 findet nur auf Wertguthabenvereinbarungen Anwendung, die nach dem 1. Januar 2009 geschlossen worden sind.

(3) Für Wertguthabenvereinbarungen nach § 7b, die vor dem 31. Dezember 2008 geschlossen worden sind und in denen entgegen § 7e Abs. 1 und 2 keine Vorkehrungen für den Fall der Insolvenz des Arbeitgebers vereinbart sind, gilt § 7e Abs. 5 und 6 mit Wirkung ab dem 1. Juni 2009.

Sechstes Sozialgesetzbuch – § 70 Entgeltpunkte für Beitragszeiten

(3) Aus der Zahlung von Beiträgen für Arbeitsentgelt aus nach § 23b Abs. 2 Satz 1 bis 3 des Vierten Buches aufgelösten **Wertguthaben** werden zusätzliche Entgeltpunkte ermittelt, indem dieses Arbeitsentgelt durch das vorläufige Durchschnittsentgelt (Anlage 1) für das Kalenderjahr geteilt wird, dem das Arbeitsentgelt zugeordnet ist. Die so ermittelten Entgeltpunkte gelten als Entgeltpunkte für Zeiten mit vollwertigen Pflichtbeiträgen nach dem 31. Dezember 1991.

(3a) Sind mindestens 25 Jahre mit rentenrechtlichen Zeiten vorhanden, werden für nach dem Jahr 1991 liegende Kalendermonate mit Berücksichtigungszeiten wegen Kindererziehung oder mit Zeiten der nicht erwerbsmäßigen Pflege eines pflegebedürftigen Kindes bis zur Vollendung des 18. Lebensjahres Entgeltpunkte zusätzlich ermittelt oder gutgeschrieben. Diese betragen für jeden Kalendermonat

a) mit Pflichtbeiträgen die Hälfte der hierfür ermittelten Entgeltpunkte, höchstens 0,0278 an zusätzlichen Entgeltpunkten,

b) in dem für den Versicherten Berücksichtigungszeiten wegen Kindererziehung oder Zeiten der Pflege eines pflegebedürftigen Kindes für ein Kind mit entsprechenden Zeiten für ein anderes Kind zusammentreffen, 0,0278 an gutgeschriebenen Entgeltpunkten, abzüglich des Wertes der zusätzlichen Entgeltpunkte nach Buchstabe a.

Die Summe der zusätzlich ermittelten und gutgeschriebenen Entgeltpunkte ist zusammen mit den für Beitragszeiten und Kindererziehungszeiten ermittelten Entgeltpunkten auf einen Wert von höchstens 0,0833 Entgeltpunkte begrenzt.

Sechstes Sozialgesetzbuch – § 256a Entgeltpunkte für Beitragszeiten im Beitrittsgebiet

(1) Für Beitragszeiten im Beitrittsgebiet nach dem 8. Mai 1945 werden Entgeltpunkte ermittelt, indem der mit den Werten der Anlage 10 vervielfältigte Verdienst (Beitragsbemessungsgrundlage) durch das Durchschnittsentgelt für dasselbe Kalenderjahr geteilt wird. Für das Kalenderjahr des Rentenbeginns und für das davorliegende Kalenderjahr ist der Verdienst mit dem Wert der Anlage 10 zu vervielfältigen, der für diese Kalenderjahre vorläufig bestimmt ist. Die Sätze 1 und 2 sind nicht anzuwenden für Beitragszeiten auf Grund des Bezugs von Arbeitslosengeld II.

(1a) Arbeitsentgelt aus nach § 23b Abs. 2 Satz 1 bis 3 des Vierten Buches aufgelösten **Wertguthaben**, das durch Arbeitsleistung im Beitrittsgebiet erzielt wurde, wird mit dem vorläufigen Wert der Anlage 10 für das Kalenderjahr vervielfältigt, dem das Arbeitsentgelt zugeordnet ist.

Neuntes Sozialgesetzbuch –
§ 47 Berechnung des Regelentgelts

(1) Für die Berechnung des Regelentgelts wird das von den Leistungsempfängern im letzten vor Beginn der Leistung oder einer vorangegangenen Arbeitsunfähigkeit abgerechneten Entgeltabrechnungszeitraum, mindestens das während der letzten abgerechneten vier Wochen (Bemessungszeitraum) erzielte und um einmalig gezahltes Arbeitsentgelt verminderte Arbeitsentgelt durch die Zahl der Stunden geteilt, für die es gezahlt wurde. Das Ergebnis wird mit der Zahl der sich aus dem Inhalt des Arbeitsverhältnisses ergebenden regelmäßigen wöchentlichen Arbeitsstunden vervielfacht und durch sieben geteilt. Ist das Arbeitsentgelt nach Monaten bemessen oder ist eine Berechnung des Regelentgelts nach den Sätzen 1 und 2 nicht möglich, gilt der 30. Teil des in dem letzten vor Beginn der Leistung abgerechneten Kalendermonat erzielten und um einmalig gezahltes Arbeitsentgelt verminderten Arbeitsentgelts als Regelentgelt. Wird mit einer Arbeitsleistung Arbeitsentgelt erzielt, das für Zeiten einer Freistellung vor oder nach dieser Arbeitsleistung fällig wird (**Wertguthaben** nach § 7b des Vierten Buches), ist für die Berechnung des Regelentgelts das im Bemessungszeitraum der Beitragsberechnung zugrunde liegende und um einmalig gezahltes Arbeitsentgelt verminderte Arbeitsentgelt maßgebend; **Wertguthaben**, die nicht gemäß einer Vereinbarung über flexible Arbeitszeitregelungen verwendet werden (§ 23b Abs. 2 des Vierten Buches), bleiben außer Betracht. Bei der Anwendung des Satzes 1 gilt als regelmäßige wöchentliche Arbeitszeit die Arbeitszeit, die dem gezahlten Arbeitsentgelt entspricht. Für die Berechnung des

Regelentgelts wird der 360. Teil des einmalig gezahlten Arbeitsentgelts, das in den letzten zwölf Kalendermonaten vor Beginn der Leistung nach § 23a des Vierten Buches der Beitragsberechnung zugrunde gelegen hat, dem nach den Sätzen 1 bis 5 berechneten Arbeitsentgelt hinzugerechnet.

(2) Bei Teilarbeitslosigkeit ist für die Berechnung das Arbeitsentgelt maßgebend, das in der infolge der Teilarbeitslosigkeit nicht mehr ausgeübten Beschäftigung erzielt wurde.

(3) Für Leistungsempfänger, die Kurzarbeitergeld bezogen haben, wird das regelmäßige Arbeitsentgelt zugrunde gelegt, das zuletzt vor dem Arbeitsausfall erzielt wurde.

(4) Das Regelentgelt wird bis zur Höhe der für den Rehabilitationsträger jeweils geltenden Leistungs- oder Beitragsbemessungsgrenze berücksichtigt, in der Rentenversicherung bis zur Höhe des der Beitragsbemessung zugrunde liegenden Entgelts.

(5) Für Leistungsempfänger, die im Inland nicht einkommensteuerpflichtig sind, werden für die Feststellung des entgangenen Nettoarbeitsentgelts die Steuern berücksichtigt, die bei einer Steuerpflicht im Inland durch Abzug vom Arbeitsentgelt erhoben würden.

Schreiben des Bundesministeriums der Finanzen vom 17. Juni 2009 zu Zeitwertkonten

A. Allgemeines zu Zeitwertkonten

I. Steuerlicher Begriff des Zeitwertkontos

Bei Zeitwertkonten vereinbaren Arbeitgeber und Arbeitnehmer, dass der Arbeitnehmer künftig fällig werdenden Arbeitslohn nicht sofort ausbezahlt erhält, sondern dieser Arbeitslohn beim Arbeitgeber nur betragsmäßig erfasst wird, um ihn im Zusammenhang mit einer vollen oder teilweisen Freistellung von der Arbeitsleistung während des noch fortbestehenden Dienstverhältnisses auszuzahlen. In der Zeit der Arbeitsfreistellung ist dabei das angesammelte Guthaben um den Vergütungsanspruch zu vermindern, der dem Arbeitnehmer in der Freistellungsphase gewährt wird. Der steuerliche Begriff des Zeitwertkontos entspricht insoweit dem Begriff der Wertguthabenvereinbarungen im Sinne von § 7b SGB IV (sogenanntes Lebensarbeitszeit- bzw. Arbeitszeitkonto).

Keine Zeitwertkonten in diesem Sinne sind dagegen Vereinbarungen, die das Ziel der flexiblen Gestaltung der werktäglichen oder wöchentlichen Arbeitszeit oder den Ausgleich betrieblicher Produktions- und Arbeitszeitzyklen verfolgen (sogenannte Flexi- oder Gleitzeitkonten). Diese dienen lediglich zur Ansammlung von Mehr- oder Minderarbeitszeit, die zu einem späteren Zeitpunkt ausgeglichen wird. Bei Flexi- oder Gleitzeitkonten ist der Arbeitslohn mit Auszahlung bzw. anderweitiger Erlangung der wirtschaftlichen Verfügungsmacht des Arbeitnehmers zugeflossen und zu versteuern.

II. Besteuerungszeitpunkt

Weder die Vereinbarung eines Zeitwertkontos noch die Wertgutschrift auf diesem Konto führen zum Zufluss von Arbeitslohn, sofern die getroffene Vereinbarung den nachfolgenden Voraussetzungen entspricht. Erst die Auszahlung des Guthabens während der Freistellung löst Zufluss von Arbeitslohn und damit eine Besteuerung aus.

Die Gutschrift von Arbeitslohn (laufender Arbeitslohn, Einmal- und Sonderzahlungen) zugunsten eines Zeitwertkontos wird aus Vereinfachungsgründen auch dann steuerlich anerkannt, wenn die Gehaltsänderungsvereinbarung bereits erdiente, aber noch nicht fällig gewordene Arbeitslohnteile umfasst. Dies gilt auch, wenn eine Einmal- oder Sonderzahlung einen Zeitraum von mehr als einem Jahr betrifft.

III. Verwendung des Guthabens zugunsten betrieblicher Altersversorgung

Wird das Guthaben des Zeitwertkontos aufgrund einer Vereinbarung zwischen Arbeitgeber und Arbeitnehmer vor Fälligkeit (planmäßige Auszahlung während der Freistellung) ganz oder teilweise zugunsten der betrieblichen Altersversorgung herabgesetzt, ist dies steuerlich als eine Entgeltumwandlung zugunsten der betrieblichen Altersversorgung anzuerkennen. Der Zeitpunkt des Zuflusses dieser zugunsten der betrieblichen Altersversorgung umgewandelten Beträge richtet sich nach dem Durchführungsweg der zugesagten betrieblichen Altersversorgung (vgl. BMF-Schreiben vom 20. Januar 2009, BStBl I S. 273, Rz. 189).

Bei einem Altersteilzeitarbeitsverhältnis im sogenannten Blockmodell gilt dies in der Arbeitsphase und der Freistellungsphase entsprechend. Folglich ist auch in der Freistellungsphase steuerlich von einer Entgeltumwandlung auszugehen, wenn vor Fälligkeit (planmäßige Auszahlung) vereinbart wird, das Guthaben des Zeitwertkontos oder den während der Freistellung auszuzahlenden Arbeitslohn zugunsten der betrieblichen Altersversorgung herabzusetzen.

IV. Begünstigter Personenkreis

1. Grundsatz: Arbeitnehmer in einem gegenwärtigen Dienstverhältnis

Ein Zeitwertkonto kann für alle Arbeitnehmer (§ 1 LStDV) im Rahmen eines gegenwärtigen Dienstverhältnisses eingerichtet werden. Dazu gehören auch Arbeitnehmer mit einer geringfügig entlohnten Beschäftigung i. S. d. § 8 bzw. § 8a SGB IV.

Besonderheiten gelten bei befristeten Dienstverhältnissen und bei Arbeitnehmern, die gleichzeitig Organ einer Körperschaft sind.

2. Besonderheiten:

a) Befristete Dienstverhältnisse

Bei befristeten Dienstverhältnissen werden Zeitwertkonten steuerlich nur dann anerkannt, wenn die sich während der Beschäftigung ergebenden Guthaben bei normalem Ablauf während der Dauer des befristeten Dienstverhältnisses, das heißt innerhalb der vertraglich vereinbarten Befristung, durch Freistellung ausgeglichen werden.

b) Organe von Körperschaften

Vereinbarungen über die Einrichtung von Zeitwertkonten bei Arbeitnehmern, die zugleich als Organ einer Körperschaft bestellt sind – zum Beispiel bei Mitgliedern des Vorstands einer Aktiengesellschaft oder Geschäftsführern einer GmbH –, sind mit dem Aufgabenbild des Organs einer Körperschaft nicht vereinbar. Infolgedessen führt bereits die Gutschrift des künftig fällig werdenden Arbeitslohns auf dem Zeitwertkonto zum Zufluss von Arbeitslohn.

Die allgemeinen Grundsätze der verdeckten Gewinnausschüttung bleiben unberührt. Der Erwerb einer Organstellung hat keinen Einfluss auf das bis zu diesem Zeitpunkt aufgebaute Guthaben eines Zeitwertkontos. Nach Erwerb der Organstellung führen alle weiteren Zuführungen zu dem Konto steuerlich zu Zufluss von Arbeitslohn. Nach Beendigung der Organstellung und Fortbestehen des Dienstverhältnisses kann der Arbeitnehmer das Guthaben entsprechend der unter A. I. dargestellten Grundsätze weiter aufbauen oder das aufgebaute Guthaben für Zwecke der Freistellung verwenden.

c) Als Arbeitnehmer beschäftigte beherrschende Anteilseigner
Buchstabe b) gilt entsprechend für Arbeitnehmer, die von der Körperschaft beschäftigt werden, die sie beherrschen.

B. Modellinhalte

I. Aufbau des Zeitwertkontos
In ein Zeitwertkonto können keine weiteren Gutschriften mehr unversteuert eingestellt werden, sobald feststeht, dass die dem Konto zugeführten Beträge nicht mehr durch Freistellung vollständig aufgebraucht werden können.

Bei Zeitwertkontenvereinbarungen, die die Anforderungen des § 7 Absatz 1a Satz 1 Nummer 2 SGB IV hinsichtlich der Angemessenheit der Höhe des während der Freistellung fälligen Arbeitsentgeltes berücksichtigen, wird davon ausgegangen, dass die dem Konto zugeführten Beträge durch Freistellung vollständig aufgebraucht werden können und somit eine solche Prognoseentscheidung regelmäßig entbehrlich ist. Für Zeitwertkonten, die diese Anforderungen nicht berücksichtigen und eine Freistellung für Zeiten, die unmittelbar vor dem Zeitpunkt liegen, zu dem der Beschäftigte eine Rente wegen Alters nach dem SGB VI bezieht oder beziehen könnte, vorsehen, ist hierfür einmal jährlich eine Prognoseentscheidung zu treffen. Für diese Prognoseentscheidung ist zum einen der ungeminderte Arbeitslohnanspruch (ohne Berücksichtigung der Gehaltsänderungsvereinbarung) und zum anderen der voraussichtliche Zeitraum der maximal noch zu beanspruchenden Freistellung maßgeblich.

Der voraussichtliche Zeitraum der Freistellung bestimmt sich dabei grundsätzlich nach der vertraglichen Vereinbarung. Das Ende des voraussichtlichen Freistellungszeitraums kann allerdings nicht über den Zeitpunkt hinausgehen, zu dem der Arbeitnehmer eine Rente wegen Alters nach dem SGB VI spätestens beanspruchen kann (Regelaltersgrenze). Jede weitere Gutschrift auf dem Zeitwertkonto ist dann Einkommensverwendung und damit steuerpflichtiger Zufluss von Arbeitslohn.

Beispiel zur Begrenzung der Zuführung
Zwischen dem 55-jährigen Arbeitnehmer B und seinem Arbeitgeber wird vereinbart, dass künftig die Hälfte des Arbeitslohns in ein Zeitwertkonto eingestellt wird, das dem Arbeitnehmer während der Freistellungsphase ratierlich ausgezahlt werden

soll. Das Arbeitsverhältnis soll planmäßig mit Vollendung des 67. Lebensjahrs (Jahr 12) beendet werden. Der aktuelle Jahresarbeitslohn beträgt 100 000 €. Nach sieben Jahren beträgt das Guthaben 370 000 € (einschließlich Wertzuwächsen). Der Jahresarbeitslohn im Jahr 08 beläuft sich auf 120 000 €. Kann hiervon wieder die Hälfte dem Zeitwertkonto zugeführt werden?

Nach Ablauf des achten Jahres verbleiben für die Freistellungsphase noch vier Jahre. Eine Auffüllung des Zeitwertkontos ist bis zum Betrag von 480 000 € (= ungekürzter Arbeitslohn des laufenden Jahres × Dauer der Freistellungsphase in Jahren) steuerlich unschädlich. Daher können im Jahr 08 weitere 60 000 € dem Zeitwertkonto zugeführt werden (370 000 € + 60 000 € = 430 000 € Stand Guthaben 31. Dezember 08). Sollte im Jahr 09 die Freistellungsphase noch nicht begonnen haben, können keine weiteren Beträge mehr unversteuert in das Zeitwertkonto eingestellt werden (Prognoserechnung: bei einem Jahresarbeitslohn von 120 000 € für die Freistellungsphase von drei Freistellungsjahren = 360 000 €).

Bei erfolgsabhängiger Vergütung ist dabei neben dem Fixum auch der erfolgsabhängige Vergütungsbestandteil zu berücksichtigen. Es bestehen keine Bedenken, insoweit den Durchschnittsbetrag der letzten fünf Jahre zu Grunde zu legen. Wird die erfolgsabhängige Vergütung noch keine fünf Jahre gewährt oder besteht das Dienstverhältnis noch keine fünf Jahre, ist der Durchschnittsbetrag dieses Zeitraumes zu Grunde zu legen.

Beispiel zu erfolgsabhängigen Vergütungen

Zwischen dem 55-jährigen Arbeitnehmer C und seinem Arbeit-geber wird Anfang 01 vereinbart, dass künftig die Hälfte des Arbeitslohns in ein Zeitwertkonto eingestellt wird, das dem Arbeitnehmer während der Freistellungsphase ratierlich ausgezahlt werden soll. Das Arbeitsverhältnis soll planmäßig mit Vollendung des 67. Lebensjahrs (Jahr 12) beendet werden. C bezieht im Jahr 01 ein Festgehalt von 100 000 €. Daneben erhält er erfolgsabhängige Vergütungsbestandteile, die ebenfalls hälftig dem Zeitwertkonto zugeführt werden sollen. Nach sieben Jahren beträgt das Guthaben des Zeitwertkontos 520 000 €. Die Fixvergütung beläuft sich im Jahr 08 auf 120 000 €. Die variablen Vergütungsbestandteile im Jahr 08 betragen 80 000 €; in den letzten fünf Jahren standen ihm variable Vergütungen in Höhe von insgesamt 300 000 € zu.

Dem Zeitwertkonto können im achten Jahr (Jahr 08) 100 000 € unversteuert zugeführt werden. Damit beläuft sich das Guthaben des Zeitwertkontos am Ende des Jahres 08 auf 620 000 € und ist – bezogen auf eine mögliche Freistellungsphase von noch vier Jahren – weiterhin geringer als das Vierfache des aktuellen jährlichen Fixgehalts (120 000 €) zuzüglich der durchschnittlichen jährlichen variablen Vergütungen von 60 000 € (300 000 € : 5), die sich somit für einen Freistellungszeitraum von vier Jahren auf 720 000 € belaufen (= 180 000 € × 4 Jahre).

II. Verzinsung der Zeitwertkontenguthaben

Im Rahmen von Zeitwertkonten kann dem Arbeitnehmer auch eine Verzinsung des Guthabens zugesagt sein. Diese kann beispielsweise bestehen in einem festen jährlichen Prozentsatz des angesammelten Guthabens, wobei sich der Prozentsatz auch nach dem Umfang der jährlichen Gehaltsentwicklung richten kann, oder in einem Betrag in Abhängigkeit von der Entwicklung bestimmter am Kapitalmarkt angelegter Vermögenswerte. Die Zinsen erhöhen das Guthaben des Zeitwertkontos, sind jedoch erst bei tatsächlicher Auszahlung an den Arbeitnehmer als Arbeitslohn zu erfassen.

III. Zuführung von steuerfreiem Arbeitslohn zu Zeitwertkonten

Wird vor der Leistung von steuerlich begünstigtem Arbeitslohn bestimmt, dass ein steuerfreier Zuschlag auf dem Zeitwertkonto eingestellt und getrennt ausgewiesen wird, bleibt die Steuerfreiheit bei Auszahlung in der Freistellungsphase erhalten (R 3b Abs. 8 LStR 2008). Dies gilt jedoch nur für den Zuschlag als solchen, nicht hingegen für eine darauf beruhende etwaige Verzinsung oder Wertsteigerung.

IV. Kein Rechtsanspruch gegenüber einem Dritten

Wird das Guthaben eines Zeitwertkontos auf Grund der Vereinbarung zwischen Arbeitgeber und Arbeitnehmer zum Beispiel als Depotkonto bei einem Kreditinstitut oder Fonds geführt, darf der Arbeitnehmer zur Vermeidung eines Lohnzuflusses keinen unmittelbaren Rechtsanspruch gegenüber dem Dritten haben.

Beauftragt der Arbeitgeber ein externes Vermögensverwaltungsunternehmen mit der Anlage der Guthabenbeträge, findet die Minderung wie auch die Erhöhung des Depots zum Beispiel durch Zinsen und Wertsteigerungen infolge von Kursgewinnen zunächst in der Sphäre des Arbeitgebers statt. Beim Arbeitnehmer sind die durch die Anlage des Guthabens erzielten Vermögensminderungen/-mehrungen – unter Berücksichtigung der Regelung zur Zeitwertkontengarantie unter B. V. – erst bei Auszahlung der Beträge in der Freistellungsphase lohnsteuerlich zu erfassen. Ein Kapitalanlagewahlrecht des Arbeitnehmers ist dann unschädlich.

Beim Erwerb von Ansprüchen des Arbeitnehmers gegenüber einem Dritten im Fall der Eröffnung des Insolvenzverfahrens ist § 3 Nummer 65 Buchstabe c 2. Halbsatz EStG zu beachten.

V. Zeitwertkontengarantie

1. Inhalt der Zeitwertkontengarantie

Zeitwertkonten werden im Hinblick auf die in §§ 7d und 7e SGB IV getroffenen Regelungen steuerlich nur dann anerkannt, wenn die zwischen Arbeitgeber und Arbeitnehmer getroffene Vereinbarung vorsieht, dass zum Zeitpunkt der planmäßigen Inanspruchnahme des Guthabens mindestens ein Rückfluss der dem Zeitwertkonto zugeführten Arbeitslohn-Beträge (Bruttoarbeitslohn im steuerlichen Sinne ohne den Arbeitgeberanteil am Gesamtsozialversicherungsbeitrag) gewährleistet ist (Zeitwertkontengarantie). Im Fall der arbeitsrechtlichen Garantie des Arbeitgebers für die in das Zeitwertkonto für den Arbeitnehmer eingestellten Beträge bestehen keine Bedenken, von der Erfüllung der Zeitwertkontengarantie auszugehen, wenn der Arbeitgeber für diese Verpflichtung insbesondere die Voraussetzungen des Insolvenzschutzes nach § 7e SGB IV entsprechend erfüllt. Dies gilt nicht nur zu Beginn, sondern während der gesamten Auszahlungsphase, unter Abzug der bereits geleisteten Auszahlungen.

Wertschwankungen sowie die Minderung des Zeitwertkontos (zum Beispiel durch die Abbuchung von Verwaltungskosten und Depotgebühren) in der Zuführungsphase sind lohnsteuerlich unbeachtlich.

Beispiel zur Zeitwertkontengarantie und Wertschwankungen

Im Rahmen eines vereinbarten Zeitwertkontos ergibt sich zum Ende des dritten Jahres innerhalb der zehnjährigen Ansparphase ein Guthaben von 10 000 €. Bei jährlichen Zuführungen von 4000 € ergab sich durch Wertschwankungen sowie die Belastung von Provisionszahlungen und Verwaltungskosten ein geringerer Wert als die Summe der zugeführten Arbeitslohnbeträge.

Die Minderung des Guthabens des Zeitwertkontos ist unschädlich, wenn bis zum Beginn der Auszahlungsphase die Wertminderung durch Wertsteigerungen der Anlage oder durch Erträge aus der Anlage wieder ausgeglichen wird.

Beispiel 1 zur Zeitwertkontengarantie und Verwaltungskosten

Der Bestand des Zeitwertkontos beträgt zu Beginn der Freistellungsphase 60 000 €, die aus jährlichen Gutschriften von jeweils 5000 € innerhalb der achtjährigen Aufbauphase sowie Erträgen aus der Anlage und Wertsteigerungen herrühren. Während der Freistellungsphase fallen jährlich Verwaltungskosten in Höhe von 120 € an, die dem Zeitwertkonto belastet werden sollen.

Die Belastung des Zeitwertkontos mit Verwaltungskosten und sonstigen Gebühren ist unschädlich, denn die Summe der bis zu Beginn der Freistellungsphase zugeführten Beträge (= 40 000 €) wird hierdurch nicht unterschritten.

Beispiel 2 zur Zeitwertkontengarantie und Verwaltungskosten

Der Bestand des Zeitwertkontos beträgt zu Beginn der Auszahlungsphase 40 200 €, die aus jährlichen Zuführungen von jeweils 5000 € innerhalb der achtjährigen Aufbauphase sowie Erträgen aus der Anlage herrühren, aber auch durch Wertschwankungen in der Vergangenheit beeinflusst wurden. Im Hinblick auf die ertragsschwache Anlage wird eine Beratung in Anspruch genommen, die Kosten von 500 € verursacht. Ferner fallen weitere Verwaltungskosten in Höhe von 180 € an.

Die Belastung des Zeitwertkontos ist nur bis zu einem Betrag von 200 € unschädlich (Summe der zugeführten Arbeitslohnbeträge zu Beginn der Freistellungsphase und als steuerpflichtiger Arbeitslohn während der Freistellung mindestens auszuzahlen 40 000 €). Die restlichen Aufwendungen in Höhe von 480 € (= 500 € + 180 € − 200 €) muss der Arbeitgeber, der für den Erhalt des Zeitwertkontos einzustehen hat, tragen.

2. Zeitwertkontengarantie des Anlageinstituts

Wird das Guthaben eines Zeitwertkontos auf Grund der Vereinbarung zwischen Arbeitgeber und Arbeitnehmer bei einem externen Anlageinstitut (zum Beispiel Kreditinstitut oder Fonds) geführt und liegt keine Zeitwertkontengarantie nach Ziffer 1 vor, muss eine vergleichbare Garantie durch das Anlageinstitut vorliegen.

C. Planwidrige Verwendung der Zeitwertkontenguthaben

I. Auszahlung bei existenzbedrohender Notlage

Die Vereinbarungen zur Bildung von Guthaben auf einem Zeitwertkonto werden steuerlich auch dann noch anerkannt, sofern die Möglichkeit der Auszahlung des Guthabens bei fortbestehendem Beschäftigungsverhältnis neben der Freistellung von der Arbeitsleistung auf Fälle einer existenzbedrohenden Notlage des Arbeitnehmers begrenzt wird. Wenn entgegen der Vereinbarung ohne existenzbedrohende Notlage des Arbeitnehmers das Guthaben dennoch ganz oder teilweise ausgezahlt wird, ist bei dem einzelnen Arbeitnehmer das gesamte Guthaben – also neben dem ausgezahlten Betrag auch der verbleibende Guthabenbetrag – im Zeitpunkt der planwidrigen Verwendung zu besteuern.

II. Beendigung des Dienstverhältnisses vor oder während der Freistellungsphase

Eine planwidrige Verwendung liegt im Übrigen vor, wenn das Dienstverhältnis vor Beginn oder während der Freistellungsphase beendet wird (zum Beispiel durch Erreichen der Altersgrenze, Tod des Arbeitnehmers, Eintritt der Invalidität, Kündigung) und der Wert des Guthabens an den Arbeitnehmer oder seine Erben ausgezahlt wird. Lohnsteuerlich gelten dann die allgemeinen Grundsätze, das heißt, der Einmalbetrag ist in der Regel als sonstiger Bezug zu besteuern.

Wurde das Guthaben über einen Zeitraum von mehr als 12 Monaten hinweg angespart, ist eine tarifermäßigte Besteuerung im Rahmen des § 34 EStG vorzunehmen (Arbeitslohn für mehrjährige Tätigkeit).

III. Planwidrige Weiterbeschäftigung

Der Nichteintritt oder die Verkürzung der Freistellung durch planwidrige Weiterbeschäftigung ist ebenfalls eine planwidrige Verwendung. Eine lohnsteuerliche Erfassung erfolgt in diesen Fällen im Zeitpunkt der Auszahlung des Guthabens.

D. Übertragung des Zeitwertkontenguthabens bei Beendigung der Beschäftigung

Bei Beendigung einer Beschäftigung besteht die Möglichkeit, ein in diesem Beschäftigungsverhältnis aufgebautes Zeitwertkonto zu erhalten und nicht auflösen zu müssen. Bei der Übertragung des Guthabens an den neuen Arbeitgeber (§ 7f Absatz 1 Satz 1 Nummer 1 SGB IV) tritt der neue Arbeitgeber an die Stelle des alten Arbeitgebers und übernimmt im Wege der Schuldübernahme die Verpflichtungen aus der Zeitwertkontenvereinbarung. Die Leistungen aus dem Zeitwertkonto durch den neuen Arbeitgeber sind Arbeitslohn, von dem er bei Auszahlung Lohnsteuer einzubehalten hat.

Im Fall der Übertragung des Guthabens auf die Deutsche Rentenversicherung Bund (§ 7f Absatz 1 Satz 1 Nr. 2 SGB IV) wird die Übertragung durch § 3 Nummer 53 EStG steuerfrei gestellt. Ein tatsächlich noch bestehendes Beschäftigungsverhältnis ist hierfür nicht erforderlich.

Bei der Auszahlung des Guthabens durch die Deutsche Rentenversicherung Bund handelt es sich um Arbeitslohn, für den die Deutsche Rentenversicherung Bund Lohnsteuer einzubehalten hat (§ 38 Absatz 3 Satz 3 EStG).

E. Bilanzielle Behandlung der Zeitwertkonten

Zur bilanziellen Berücksichtigung von Arbeitszeit-, Zeitwert- und Lebensarbeitszeitkonten wird in einem gesonderten BMF-Schreiben Stellung genommen.

F. Anwendungsregelung

Dieses Schreiben ist mit Wirkung ab 1. Januar 2009 anzuwenden.

I. Übergangsregelung für vor dem 1. Januar 2009 eingerichtete Zeitwertkonten

Bei Zeitwertkonten-Modellen, die vor dem 1. Januar 2009 eingerichtet wurden und ohne die Regelungen zur Zeitwertkontengarantie nach Abschnitt B. V. steuerlich anzuerkennen gewesen wären, sind aus Vertrauensschutzgründen der am 31. Dezember 2008 vorhandene Wertbestand des Zeitwertkontos sowie die Zuführungen vom 1. Januar bis zum 31. Dezember 2009 erst bei Auszahlung zu besteuern. Zuführungen ab dem 1. Januar 2010 führen steuerlich zum Zufluss von Arbeitslohn. Wird spätestens bis zum 31. Dezember 2009 eine Zeitwertkontengarantie nach Abschnitt B. V. für den am 31. Dezember 2008 vorhandenen Wertbestand des Zeitwertkontos sowie die Zuführungen vom 1. Januar bis zum 31. Dezember 2009 nachträglich vorgesehen, können diese Modelle steuerlich weiter als Zeitwertkonten anerkannt werden, so dass auch die Zuführungen nach dem 31. Dezember 2009 erst bei Auszahlung zu besteuern sind. Abschnitt C. bleibt unberührt.

II. Übergangsregelung für Zeitwertkonten zugunsten von Organen von Körperschaften (Geschäftsführer und Vorstände) und als Arbeitnehmer beschäftigte beherrschende Anteilseigner

Bei Zeitwertkonten-Modellen für Organe von Körperschaften sowie als Arbeitnehmer beschäftigte beherrschende Anteilseigner, die bis zum 31. Januar 2009 eingerichtet wurden und aus Vertrauensschutzgründen steuerlich anzuerkennen gewesen wären, sind alle Zuführungen bis zum 31. Januar 2009 erst bei Auszahlung zu besteuern. Die Übergangsregelung gilt nicht für verdeckte Gewinnausschüttungen. Abschnitt C. bleibt unberührt.

III. Besondere Aufzeichnungen

Als Arbeitslohn zu besteuernde Zuführungen nach F. I. und F. II. sind im Zeitwertkonto gesondert aufzuzeichnen. Eine etwaige Verzinsung (vgl. Abschnitt B. II) ist entsprechend aufzuteilen; die auf zu besteuernde Zuführungen nach dem Stichtag entfallenden Zinsen fließen dem Arbeitnehmer als Einkünfte aus Kapitalvermögen zu.

Dieses Schreiben wird im Bundessteuerblatt Teil I veröffentlicht (Zuordnung ESt-Kartei: § 38 EStG). Es steht ab sofort für eine Übergangszeit auf den Internet-Seiten des Bundesministeriums der Finanzen unter der Rubrik Wirtschaft und Verwaltung – Steuern – Veröffentlichungen zu Steuerarten – Lohnsteuer – *(http://www.bundesfinanzministerium.de)* zur Ansicht und zum Abruf bereit.

Register

Über die Autoren

 **Thomas Pochadt**, Jahrgang 1966, lernte zunächst Versicherungskaufmann und studierte im Anschluss an der Deutschen Versicherungsakademie, Abschluss: Versicherungsbetriebswirt (DVA).

Bereits früh legte er den Schwerpunkt auf das Thema betriebliche Altersversorgung.

Berufliche Stationen von ihm waren unter anderem internationale Versicherer, Industriemakler, ein Softwarehaus und eine Schweizer Privatbank. In diesen Unternehmen war er hauptsächlich im Bereich der betrieblichen Altersversorgung tätig. Bis auf das Softwarehaus hat er überwiegend Unternehmen (in jeglicher Größe) zu allen Fragen der betrieblichen Altersversorgung beraten. Zu seinen weiteren Aufgaben gehörte unter anderem in einem Unternehmen der Aufbau des Vertriebs.

Seit einigen Jahren ist er Mitarbeiter der Sauer Finance Holding GmbH, wo er zuletzt als Prokurist und Senior Consultant der Deutschen Zeitwert GmbH zahlreiche Projekte betreute.

 **Steffen Raab,** Jahrgang 1969, verfügt über langjährige Erfahrungen in den Bereichen Informationstechnologie, Rechnungswesen sowie Controlling. Diese erarbeitete er sich unter anderem in den Funktionen als Key-Account Manager und Berater bei verschiedenen Unternehmen. Als Geschäftsführer und Selbständiger fiel außerdem die strategische Unternehmensplanung sowie die Mitarbeiterführung in seinen Verantwortungsbereich.

Die fachlichen Schwerpunkte seiner verschiedenen Tätigkeiten umfassen die Ablauf- und Aufbauorganisation, den Vertrieb, das Marketing sowie die Konzeptentwicklung und -umsetzung.

Steffen Raab ist seit ihrer Gründung Geschäftsführer der Deutschen Zeitwert GmbH.